北京志愿服务参与应急管理研究

高艳蓉　编著

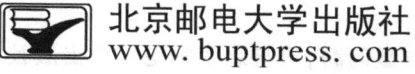

北京邮电大学出版社
www.buptpress.com

内 容 简 介

本书以北京为代表的特大城市志愿服务为研究对象,探索构建北京有效应对突发事件的应急管理机制,建立北京志愿服务参与应急管理体系,其核心目标是提升我国大城市的应急管理能力,实现我国社会治理、社区治理的创新,为保持国家的稳定与发展提供支撑。

本书对相关政策制定者、学术研究者、社会组织及广大志愿者具有启发意义。

图书在版编目(CIP)数据

北京志愿服务参与应急管理研究 / 高艳蓉编著. 北京:北京邮电大学出版社,2025. -- ISBN 978-7-5635-7620-3

Ⅰ. D669.3;D630.8

中国国家版本馆 CIP 数据核字第 2025C97Z12 号

策划编辑:张向杰 邢娟　责任编辑:王小莹 刘春棠　责任校对:张会良　封面设计:七星博纳

出版发行	北京邮电大学出版社
社　　址	北京市海淀区西土城路 10 号
邮政编码	100876
发 行 部	电话:010-62282185　传真:010-62283578
E-mail	publish@bupt.edu.cn
经　　销	各地新华书店
印　　刷	保定市中画美凯印刷有限公司
开　　本	720 mm×1 000 mm　1/16
印　　张	10.75
字　　数	171 千字
版　　次	2025 年 8 月第 1 版
印　　次	2025 年 8 月第 1 次印刷

ISBN 978-7-5635-7620-3　　　　　　　　　　　　　　定　价:52.00 元

· 如有印装质量问题,请与北京邮电大学出版社发行部联系 ·

前　言

近年来,全球范围内自然灾害、公共卫生事件等突发事件频发,应急管理已成为现代社会治理的核心议题之一。在中国这样一个情况复杂的发展中大国,北京作为首都和特大城市,如何按照习近平总书记提出的总体国家安全观,发展符合中国国情、适应北京城市发展的基于志愿服务参与的应急管理法律和理论框架,设计相关的体制、机制,提出配套的政策措施,是一项艰巨任务。

北京是一个人口基数大、人口密度高的特大城市,应对和处理城市各种突发公共事件是一项极其复杂的系统工程,涉及高效地处理大量的应急信息,高效地优化调度各种应急资源,快速地制订各种应急决策等方方面面的内容;在突如其来的灾难面前,包括政府在内的任何公共组织的力量都是有限的,它无法单独满足应对灾难的所有需求,而有效地整合社会资源、充分发挥志愿者的能动性,不仅能够有效补充政府的救援资源,也能够使社会力量渗透到公共危机事件中许多政府部门无暇亦无力顾及之处。近些年,对突发事件中的志愿者及其主要承载者(志愿者组织)的研究逐渐增多,人们对许多问题有了一定的认识,这为非常态下的志愿者和志愿者组织的管理提供了一些参考。但是,由于我国志愿者组织的发展、志愿精神的弘扬、针对志愿者参与应急管理的体制和机制及在非常态下对志愿者的管理等情况不断在发生变化,因此对它们的研究也需要与时俱进。

本书为北京青少年教育与发展研究基地成果和北京社科基金项目"北京志愿服务参与应急志愿管理研究"(项目编号:16GLB018)的阶段性成果。根据基地研究领域需求,依托项目研究目标,本书以"北京志愿服务参与应急管理"为核心议题,从理论与实践的两个维度出发,系统探讨志愿服务在应急管理中的角色定位、运行机制与发展路径。本书共分为五章,层层递进,旨在介绍以下三方面的内容:一是北京志愿服务参与应急管理的理论逻辑与实践价值;二是北京在此领域的发展现状、特色模式与瓶颈问题;三是如何建立科学、高效、可持续的北京志愿服务应急管理体系。

第一章为概念与理论概述,从"志愿服务""应急管理"等核心概念切入,结合志愿失灵理论、4R危机管理理论及协同治理理论,构建研究的理论框架,为后续分析奠定基础。

第二章聚焦于北京志愿服务的整体现状,通过梳理其发展历程、政策法规、组织形态及志愿者特征等,揭示当前志愿服务在规模扩张与质量提升之间的结构性矛盾,并从参与度、需求对接、权益保障、专业化水平等维度剖析突出问题,提出针对性优化策略。

第三章立足北京应急管理体系的建设,系统解析突发事件应急预案、应急管理体制、应急管理机制、应急管理法制,为理解志愿服务嵌入应急管理的制度环境提供全景视角。

第四章通过分析北京志愿服务参与应急管理的实践,提炼出平台整合、专业引领、联合联动三大典型模式,结合日常和突发事件应急志愿服务的表现形式,从制度体系、科技赋能、社会动员、区域协同、专业化建设五个维度剖析应急管理的现状。

第五章基于问题导向,从组织体系建设、制度建设、招募机制、专业技能培训、激励机制、科技赋能等方面提出对策建议,强调通过系统性改革推动志愿服务与应急管理的深度融合,构建政府主导、社会协同、公众参与的现代化治理格局。

北京作为国家治理现代化的前沿阵地,对其志愿服务参与应急管理的探索既具有地方特色,也折射出中国特大城市治理的共性命题。作者期待本书能够为推进韧性城市建设、提升首都安全发展水平提供助力。

由于作者水平有限,书中难免存在疏漏之处,恳请广大读者批评指正!

目 录

第一章　志愿服务参与应急管理的概念界定和相关理论概述 …………… 1

　第一节　概念界定 ……………………………………………………… 1
　　一、志愿服务 ………………………………………………………… 1
　　二、应急管理 ………………………………………………………… 3
　　三、应急志愿服务 …………………………………………………… 5
　　四、突发事件 ………………………………………………………… 6
　第二节　相关理论概述 ………………………………………………… 8
　　一、志愿失灵理论 …………………………………………………… 8
　　二、4R 危机管理理论 ………………………………………………… 10
　　三、协同治理理论 …………………………………………………… 11

第二章　北京志愿服务现状与发展分析 ……………………………… 13

　第一节　北京志愿服务发展概述 ……………………………………… 13
　　一、北京志愿服务的发展历程 ……………………………………… 13
　　二、政策支持与法规建设情况 ……………………………………… 16
　第二节　北京志愿服务组织开展志愿服务的情况 …………………… 18
　　一、北京志愿服务组织概况 ………………………………………… 18
　　二、北京志愿服务组织开展的志愿服务种类 ……………………… 19
　　三、北京志愿服务的开展模式 ……………………………………… 24
　第三节　北京志愿者的相关情况 ……………………………………… 29
　　一、志愿者的年龄、性别、职业 …………………………………… 29
　　二、志愿者的参与动机 ……………………………………………… 30

三、志愿者群体多样性分析 ………………………………… 31

第四节　北京志愿服务中存在的突出问题 …………………………… 32
　　一、志愿者参与度不高和活动组织不够灵活 ………………… 32
　　二、志愿服务项目与社区需求对接不精准 …………………… 34
　　三、志愿者权益保障和激励机制不够完善 …………………… 36
　　四、志愿服务的专业化和技能培训水平有待提高 …………… 37

第五节　北京志愿服务中问题的解决策略 …………………………… 39
　　一、增强志愿者的参与意愿，改善志愿者的参与条件 ……… 39
　　二、实施志愿服务的全周期管理方案 ………………………… 41
　　三、完善权益保障机制，丰富激励手段 ……………………… 43
　　四、深化专业培训 ……………………………………………… 45

第三章　北京应急管理现状与发展分析 …………………… 47

第一节　突发事件应急预案 …………………………………………… 47
　　一、预案体系架构 ……………………………………………… 47
　　二、预案管理体系 ……………………………………………… 56

第二节　应急管理体制 ………………………………………………… 64
　　一、组织架构 …………………………………………………… 65
　　二、法律法规与政策 …………………………………………… 67
　　三、应急管理体系 ……………………………………………… 70
　　四、应急管理能力 ……………………………………………… 73
　　五、应急响应与处置 …………………………………………… 75

第三节　应急管理机制 ………………………………………………… 77
　　一、应急指挥机制 ……………………………………………… 77
　　二、预警监测机制 ……………………………………………… 79
　　三、应急响应机制 ……………………………………………… 79
　　四、应急救援机制 ……………………………………………… 80
　　五、应急保障机制 ……………………………………………… 81
　　六、信息报告与共享机制 ……………………………………… 82
　　七、社会动员与参与机制 ……………………………………… 83

八、培训与演练机制 …………………………………… 84
　　九、评估与改进机制 …………………………………… 84
　第四节　应急管理法制 …………………………………… 85
　　一、法律法规体系 ……………………………………… 85
　　二、法治实施机制 ……………………………………… 86
　　三、法治监督机制 ……………………………………… 87
　　四、法治保障机制 ……………………………………… 88

第四章　北京志愿服务参与应急管理的分析 …………… 91
　第一节　北京志愿服务参与应急管理的典型模式 ……… 91
　　一、平台整合模式 ……………………………………… 91
　　二、专业引领模式 ……………………………………… 97
　　三、联合联动模式 …………………………………… 103
　第二节　北京志愿服务参与应急管理的表现形式 …… 108
　　一、日常应急志愿服务 ……………………………… 108
　　二、突发事件应急志愿服务 ………………………… 111
　第三节　北京志愿服务参与应急管理的现状 ………… 115
　　一、制度体系与法治保障的深化实践 ……………… 115
　　二、科技赋能与智慧调度的突破性进展 …………… 116
　　三、社会动员与公众参与的双向激活 ……………… 117
　　四、区域协同与国际合作的创新拓展 ……………… 118
　　五、专业化建设与能力提升的双向驱动 …………… 119

第五章　完善北京志愿服务参与应急管理的对策建议 … 122
　第一节　加强组织体系建设 …………………………… 122
　　一、建立统一协调机制 ……………………………… 122
　　二、完善志愿者注册管理系统 ……………………… 123
　　三、建立跨部门合作机制 …………………………… 125
　第二节　完善制度建设 ………………………………… 126
　　一、制定志愿服务管理法规 ………………………… 126

二、建立志愿者培训认证体系 ……………………………… 127
　　三、制定志愿服务响应政策 ………………………………… 129
第三节　建立灵活的招募机制 …………………………………… 131
　　一、多元化招募渠道 ………………………………………… 131
　　二、简化报名流程 …………………………………………… 133
　　三、制订有针对性的招募策略 ……………………………… 134
第四节　加强专业技能培训 ……………………………………… 136
　　一、基础应急知识培训 ……………………………………… 136
　　二、专业领域的深化培训 …………………………………… 138
　　三、持续学习与更新知识技能 ……………………………… 140
第五节　构建多元化激励机制 …………………………………… 142
　　一、精神激励 ………………………………………………… 142
　　二、物质激励 ………………………………………………… 144
　　三、社会认可与支持 ………………………………………… 146
第六节　加强信息共享与沟通 …………………………………… 148
　　一、建立应急信息共享平台 ………………………………… 148
　　二、加强志愿者与政府部门的沟通 ………………………… 149
　　三、拓展应急信息发布渠道 ………………………………… 151
第七节　完善权益保障政策 ……………………………………… 153
　　一、明确权益保障条款 ……………………………………… 153
　　二、提供必要保障措施 ……………………………………… 155
　　三、建立投诉与反馈机制 …………………………………… 157
第八节　推动科技创新应用 ……………………………………… 158
　　一、利用科技提升应急响应效率 …………………………… 158
　　二、推广智能应急管理系统 ………………………………… 159
　　三、加大应急科技研发与应用力度 ………………………… 160

参考文献 ………………………………………………………… 162

第一章
志愿服务参与应急管理的概念界定和相关理论概述

第一节 概念界定

一、志愿服务

从广义维度来看,志愿服务是指任何人自愿贡献个人的时间及精力,在不求任何物质报酬的情况下,为改善社会服务、促进社会进步而提供的服务。它涵盖了社会生活的各个领域,无论是大型国际赛事的志愿服务、社区邻里互助,还是环境保护、文化传承等活动中的无偿服务行为,都可纳入广义志愿服务的范畴。

从狭义维度来看,志愿服务是指由专门的志愿服务组织或机构发起、组织并协调管理的,志愿者在特定的时间和地点遵循一定的规范和要求、针对特定的服务对象所开展的具有明确目标和任务的服务活动。徐家良、梁锯宵在对"5·12"地震四川 G 县的研究中认为,志愿服务本质上是一种基于公民自愿的互助行为,它跨越地域界限,无论是在一国之内还是在全球范围内,遭遇困境的人都能得到来自四面八方的援助。这种援助并非出于义务,而是源于内心的志愿精神,这是志愿服务的核心。它不受任何强制力的驱使,完全建立在志愿者个人时间和能力允许的基础上。在精力充沛、时间充裕的情况下,他们可以自由选择为社会贡献自己的力量。

此外,志愿服务与金钱利益无关,它是一种纯粹的、无私的服务活动,不涉及任何经济利益的交换。这种基于自愿的、非强制性的、非营利性的服务,是社会团结和互助精神的体现。Catherine Cavanaugh 在其著作中深入探讨了志愿服务作为一种社会参与模式的多重价值,认为志愿服务并不是个人对社会的单向奉献,而是一个双向互动的过程,它促进了不同背景和群体之间的交流与合作。通过参与多样化的志愿服务项目,个体能够在服务中发现自我价值,同时这也推动了社会关系的重塑和扩展。

志愿服务的实践是个体与社会之间互动的桥梁,它不仅有助于个体发展,也是社会网络构建和社会创新的重要推动力。陶倩在其著作中指出,志愿服务是动员社会力量参与社会治理的有效手段,它不仅能够促进社会的和谐与稳定,还能够体现中国特色社会主义制度下人民群众的社会责任感和互助精神。陶倩认为,志愿服务是社会主义核心价值观的具体体现,它通过动员社会各界力量,提升了社会治理的公众参与度,增强了社会的凝聚力,强调了志愿服务在中国特色社会主义建设中的重要地位,以及在促进社会和谐与稳定方面的积极作用。陶倩的观点突出了志愿服务在现代社会中的重要性,以及它在促进社会融合和进步方面所扮演的角色。李茂平在《志愿服务与道德建设》中深入分析了志愿服务与个人道德修养之间的联系,认为志愿服务是个体在道德自觉的驱动下,将善意转化为实际行动的过程。通过服务社会,个体不仅能够传播正能量,还能够弘扬良好的道德风尚。志愿服务是一种实践活动,它使得个体在服务中实现自我提升,同时也促进了社会的道德建设。李茂平的观点突出了志愿服务在提升个人道德修养和推动社会道德进步方面的重要作用,以及它对构建和谐社会的积极影响。

综合以上定义,本书所研究的志愿服务是指在社会各个层面,由个体基于自愿原则,凭借自身的知识、技能、体能或其他资源,不以获取物质报酬为目的,在正式或非正式的组织框架下,针对社会公共需求、弱势群体需求或特定社会议题开展的旨在促进社会福祉提升、社会关系优化、社会文化传承与创新以及个人成长与发展的各类服务活动。其特点如下:

① 自愿性,完全出于个人的自主意愿,不受强制性约束;

② 无偿性,不涉及金钱等物质利益的交换;

③ 公益性,以社会公共利益为导向,服务于广大民众或特定群体的需求;

④ 组织性,无论是正式组织还是自发形成的群体,在服务过程中都需要通过一定的组织协调机制来保障服务有序开展;

⑤ 多元性,涵盖领域广泛,参与主体多样,服务形式丰富,能够适应不同社会情境和需求的变化,在现代社会中发挥着不可或缺的作用,成为推动社会文明进步的重要力量。

另外,志愿服务也是个人道德修养提升的一个重要途径,它使得个体在道德自觉的驱动下,将内心的善意转化为具体的行动,通过服务社会来传播正能量、弘扬和推广良好的道德风尚。志愿服务活动不仅有助于个体的自我成长,也为社会的道德建设贡献了力量。

二、应急管理

应急管理是指为了应对自然灾害、事故灾难、公共卫生事件和社会安全事件等各类突发事件,由政府、社会组织、企业和个人等多元主体共同参与,通过一系列预防、准备、响应和恢复等活动,以最大限度地减轻突发事件造成的人员伤亡、财产损失、社会影响等危害后果的系统性过程。曹海峰认为应急管理是围绕公共安全目标所构建的一套全面且动态的体系。在这个体系中,政府承担主导责任,积极整合全社会范围内的各类资源,无论是人力、物力资源还是财力资源,都被纳入应急管理的资源调配网络中。其核心在于构建预防、应对、恢复这三个关键环节的一体化运作模式。从预防环节来看,政府通过建立风险监测网络、开展安全隐患排查等工作,提前识别可能引发突发事件的各类因素,并制订相应的防范策略。高小平和刘一弘强调综合运用多种手段与丰富资源,对应急事件进行全生命周期的管理。在制度层面,应不断完善应急管理相关法律法规与政策体系,明确各主体在应急管理中的权利与义务,规范应急管理流程与标准。多主体协同合作是应急管理的重要特征,政府、社会组织、企业以及个人在应急管理中都扮演着不可或缺的角色。政府发挥宏观调控与统筹协调作用,社会组织积极参与救援物资筹集、受灾群众救助等工作,企业在应急物资生产供应、技术支持等方面贡献力量,个人则通过遵守应急管理规定、参与志愿服务等方式,成为应急管理体系的重要参与者和支持力量。并且,随着时代的发展,我国在不断创新应急管理模式,积极引入大数据、人工智能等新技术,提高风险预测的精准度、应急决策的科学性以及救援行动的效率,从而实现应急管理效能的全方位提升,更好地应对日益复杂多变的突发事件挑战。郝海洪和闫成俭提出,在重大突发事件情境下,应急管理的关键是构建科学合理的处置机制。快速响应机制能够确保在突发事件发生的瞬间迅速启动应急指挥系统,相关部门与救援力量立即行动起来,争取在最短的时间内抵达事发现场并开展救援工作。精准决策机制能够在复杂多变的突发事件环境中,依据现场实时情况、过往经验以及专业知识,迅速制订出最为合理有效的救援方案与应对策略。高效执行机制能够确保决策得到切实有效的执行,各救援队伍之间密切配合、协同作战,物资保障部门及时提供充足的救援物资,信息部门准确传递各类信息,从而保障整个应急处置过程的顺畅进行,最大限度地保障社会秩序稳定,减少人员伤亡和财产损失,使突发事件得到妥善的处置与解决,维护社会的和谐和稳定与人民的根本利益。应急管理的特点是具有多主体性、系统性、动态性、预防性、科学性。

① 多主体性体现在政府在其中发挥主导作用,社会组织、企业和个人的力量不可或缺,各方协同合作形成强大合力。

② 系统性体现在应急管理并非单一环节的工作,而是由风险评估、预案制订、资源储备、应急救援、恢复重建等一系列相互关联、相互影响的环节构成的有机整体。

③ 动态性表现为应急管理需要根据突发事件的不同类型、规模、发展阶段等灵活调整策略和资源配置,不断适应变化的形势。

④ 预防性强调在突发事件发生前通过风险监测、预警、宣传教育等手段降低事件发生的可能性和危害程度,以主动防范替代被动应对。

⑤ 科学性体现在依靠专业的技术手段进行风险分析、决策制订以及救援行动的组织实施,确保应急管理活动的高效与精准。

由此可见,应急管理在现代社会治理中占据着极为重要的地位,它是保障社会稳定、促进可持续发展的关键支撑,对于构建安全、和谐、有韧性的社会环境有着不可替代的重要意义。

三、应急志愿服务

应急志愿服务是在突发事件情境下,志愿者基于自愿原则,无偿地为社会提供各类救援、援助与支持服务的一种社会公益行为。它在现代社会应急管理体系中扮演着极为重要的角色,有着丰富而多元的内涵与外延。从主体来看,应急志愿者来源广泛,他们来自不同的年龄层次、职业背景、社会阶层。正如孟宪欣在其研究中指出的,应急志愿者来源广泛且多元,他们具有不同的年龄、职业,属于不同的社会阶层。年轻的大学生能开展信息传播等辅助性工作;专业人士,如医生、工程师,能分别在医疗救援、基础设施修复等方面发挥专长;其他普通民众亦能在物资后勤保障等基础环节贡献力量。他们均以奉献社会为核心驱动力,不计物质报酬。这些志愿者因共同的信念与使命感汇聚到应急服务的旗帜下,他们不追求物质报酬,而以奉献社会、帮助他人为内在驱动力。在服务内容方面,应急志愿服务涵盖了突发事件应对的多个阶段与诸多领域。在灾前预防阶段,志愿者可以深入社区、学校、企业等场所,开展应急知识的宣传普及工作,如组织防灾减灾讲座、进行消防演练示范等,增强公众的风险意识,提高公众的应急能力,从而降低灾害发生的可能性或减少灾害造成的损失。张玉平指出,志愿者深入各个场所进行应急知识普及活动,以增强公众的风险意识,提高公众应对突发事件的能力,减少灾害的潜在危害。当灾害发生时,应急志愿服务迅速启动并全面展开。Megan Crane 认为志愿者可以在救援抢险过程中协助专业队伍搜救转移被困人员;在医疗救护环节中对伤者进行初步处理与紧急转运；在物资保障过程中积极筹集、调配与分发物资。在灾后恢复重建阶段，志愿者在帮助受灾群众重建家园、对受灾群众进行心理疏导等方面发挥重要作用，助力受灾地区恢复正常的生产生活秩序与社会功能。

应急志愿服务的运行机制通常涉及多个环节与多元主体的协同合作。一方面，志愿者组织在其中发挥着关键作用，它们负责志愿者的招募、登记、培训、组织与调配。通过建立完善的志愿者信息库，能够根据突发事件的类型、规模与需求，快速精准地选拔合适的志愿者并安排其到相应的岗位。同时，志愿者组织还承担着与政府应急管理部门、其他社会组织以及企业等沟通协调的职责，以整合各方资源，形成应急服务的强大合力。另一方面，政府在应急志愿服务中起着宏观指导与政策支持的作用，通过制定相关法律法规、政策制度，为应急志愿服务的有序开展提供制度框架与保障，如明确志愿者的权利与义务、规范志愿服务的组织管理流程、提供必要的资金与物资支持等。在物质层面，应急志愿服务能够为突发事件的应对提供人力、物力等方面的补充与支持，有效缓解专业救援力量的压力，提升应急救援的效率与效果。在精神层面，应急志愿服务传递了关爱、互助、奉献的社会正能量，增强了社会的凝聚力与向心力，促进了社会和谐与文明进步，李沐、许方在其研究中也强调了这一点。在全球化与社会多元化发展的今天，应急志愿服务的重要性越发凸显，它是构建韧性社会、保障人民生命财产安全、推动社会可持续发展的重要力量源泉，在一次次突发事件中不断展现其独特而不可替代的价值与魅力，并且随着时代的发展与经验的积累，其组织形式、服务内容、运行模式等也在不断地优化与创新，以更好地满足日益复杂多变的应急管理需求。

四、突发事件

突发事件是指突然发生、会造成严重的社会危害、需要采取应急处置措施予以应对的自然灾害、事故灾难、公共卫生事件和社会安全事件。2007 年，我国在《中华人民共和国突发事件应对法》中明确了突发事件这一概念及突发事件的几个关键特征。突发事件的突发性体现在事件的发生毫无征兆或者事件在极短的时间内爆发,让人始料未及。例如,地震灾害往往在瞬间发生,人们几乎没有时间做充足的准备,强大的地震波就已经造成建筑损毁和人员伤亡。从危害程度来看,突发事件会造成严重的社会危害。自然灾害会导致严重的生命财产损失和深远的社会经济影响。例如,洪水可以淹没大片的城镇和乡村,冲毁房屋、道路、桥梁等基础设施,导致许多人失去家园,甚至失去生命,同时也会对农业、工业等经济领域造成毁灭性打击,使一个地区的经济发展停滞甚至倒退。事故灾难会导致重大人员伤亡和财产损失,在严重威胁社会安全稳定的同时,还会引发公众恐慌、信任危机等社会问题。例如,化工企业的爆炸事故不仅会造成企业内部人员的伤亡和设施的毁坏,还会因有害物质的泄漏对周边环境产生长期的污染,影响周边居民的健康,破坏生态平衡,引发一系列社会问题,如居民安置、赔偿纠纷等问题。在公共卫生事件方面,传染性疾病的大规模暴发就是一个典型的例子。以新冠疫情为例,其在全球范围内迅速传播,大量的人感染,给各国的医疗系统带来了巨大压力,医院床位紧张、医疗物资短缺等问题层出不穷。许多患者因得不到及时救治而病情加重,甚至死亡;同时为了防控疫情,各国纷纷采取封锁措施,这导致商业活动受限,旅游、餐饮、娱乐等行业遭受重创,失业率大幅上升,对社会的稳定和经济的发展产生了深远影响。社会安全事件则主要涉及社会秩序和公共安全方面。例如,恐怖袭击事件的目的就是制造社会恐慌,破坏社会稳定。一些极端组织在公共场所实施的爆炸、枪击等暴力行为,直接威胁到普通民众的生命安全,使人们陷入恐惧之中,不敢正常外出活动,对当地的社会秩序造成极大的影响,并且引发民族、宗教等方面的矛盾冲突。对突发事件的科学分类有助于政府和相关部门根据不同类型事件的特点,制订有针对性的应急处置预案和措施。例如:对于自然灾害,需要侧重于救援和基础设施恢复;对于事故灾难,需要侧重于迅速开展抢险救援、调查事故原因,以防止二次事故发生;对于公共卫生事件,需要侧重于疾病防控、医疗救治和疫苗研发;对于社会安全事件,需要侧重于维护社会秩序、打击违法犯罪行为等,为我国构建完善的突发事件应急管理体系奠定了坚实的法律基础,确保在面对各类突发事件时能够迅速、有效地开展应对工作,最大限度地减少各类突发事件对社会和人民生命财产造成的危害,保障国家安全和稳定以及社会可持续发展。

第二节 相关理论概述

一、志愿失灵理论

"志愿失灵"这一概念由美国学者莱斯特·M.萨拉蒙在第三方管理理论的根基上提出,可追溯至20世纪70年代前后,彼时美国危机频发,犹如多米诺骨牌一般,引发了世界范围内的诸多变革。在这样的大背景下,政府主体与市场主体之间的关系错综复杂、相互交织,社会发展的趋势逐渐朝着第三领域倾斜。这种变化无疑为志愿精神的弘扬以及志愿组织的蓬勃兴起营造了极为有利的环境。然而,在现实的社会场景中,志愿者组织的实践活动不可避免地与公益道德理念相互交融、相互碰撞,其中志愿者流失问题逐渐凸显,成为亟待解决的关键问题。萨拉蒙将志愿者组织在实践过程中所暴露出的局限性定义为"志愿性部门失灵"。萨拉蒙明确指出,在非营利性组织研究领域中,传统的政府失灵、市场失灵以及合约失灵理论在阐释美国社会现实状况时,均暴露出一定程度的缺陷与不足。针对这一现状,迫切需要构建一套更为完善、更具说服力的理论框架。萨拉蒙在深入剖析后提出,在政府失灵理论与合约失灵理论中,志愿者组织往往被视作一种衍生性的存在。这主要归因于政府在调控能力与政策支持方面存在失灵的一些情况,故而需要借助替代性的制度安排予以补充与优化。但志愿者组织在作为公共物品与公共服务的供给主体时,同样面临着诸多固有困境,存在诸多短板。例如,其资源整合能力相对较弱,资金来源渠道不够稳定多元,组织管理架构不够科学高效,等等。这些问题在特定情境下极易引发志愿失灵的不利局面。萨拉蒙还着重强调了志愿者组织的一个显著缺陷,

| 第一章 | 志愿服务参与应急管理的概念界定和相关理论概述

即与政府主体相比,志愿者组织缺乏立法权的支撑,难以凭借立法手段大规模地吸纳人力资源与物力资源。基于此,萨拉蒙认为,鉴于政府主体与志愿者组织主体之间存在着天然的互补性,政府在权衡服务提供成本的基础上,积极与志愿者组织构建紧密的合作关系,实现不同部门组织间的合理分工与协同合作,乃是摆脱当前困境的有效路径。周利敏在有关研究中指出,在灾难应急管理情境下,志愿者组织同样难以避免地会遭遇志愿失灵的困境。要想从根本上摆脱这一困境,需要实现公共资源与私人资源的全方位协调与整合。从国家宏观战略层面出发,应当致力于健全完善相关政策法规体系,充分发挥政策的引导与激励作用,广泛吸引志愿者与社会公众积极投身于志愿服务事业;应当借助公私协力的有效机制,构建起一套多层次、全方位、立体化的灾难社会工作模式,实现政府、志愿者组织、社会公众以及其他相关主体之间的良性互动与协同合作,从而有效提升灾难应急管理的整体效能与志愿服务的社会价值。

志愿失灵主要涵盖四个层面的内容。其一为慈善供给不足,即志愿者组织在提供慈善服务与资源时,往往难以满足社会日益增长的多元化需求,无论是资金、物资还是专业服务人员的数量与质量,都存在不同程度的缺口。其二为慈善自身的特殊主义倾向明显,这意味着志愿者组织在服务对象的选择与资源的分配过程中,会受到地域、群体、个人偏好等因素的干扰,导致资源分配不均衡,部分急需援助的群体未能得到应有的关注与支持。其三为慈善的家长式作风显著,即志愿者组织在服务过程中,会不自觉地将自身的价值观与意愿强加于服务对象,忽视服务对象的真实需求与自主意愿,从而影响服务效果与服务对象的满意度。其四为慈善的业余主义特征显著,这表现为在志愿者组织提供服务的过程中,缺乏专业的培训体系、规范的管理体系与科学的评估体系,导致服务的专业性、稳定性与持续性难以得到有效保障,服务质量参差不齐。通过对大量相关调查报告的深入研读与分析可以发现,当前部分志愿者逐渐对志愿服务活动产生疏离感,不再愿意持续参与其中。其根源在于整个志愿者组织体系的科学性与规范性尚存在较大的提升空间,与之相配套的政策机制也不够健全完善。例如,志愿者招募、培训、管理、激励与评估等环节缺乏系统性与连贯性,导致志愿者在组织内部难以获得充分的成长与发展机会,无法有效实现自身价值。这种不良局面的持续蔓延,不仅直接降低了志愿者组织的工作质量与工作效率,还在一定程度上动摇了志愿服务事业的根基。许多志愿者深感自身在组织内的价值未能得到充分彰显与认可,自身潜力未能得到充分挖掘与发挥,进而选择放弃志愿服务,最终导致志愿者大量流失的严峻局面。

二、4R 危机管理理论

众多学者对 4R 危机管理理论进行了研究。4R 危机管理理论由美国学者罗伯特·希斯(Robert Heath)提出。他在 20 世纪 90 年代末提出这一理论,强调危机管理过程包含缩减(reduction)、预备(readiness)、反应(response)、恢复(recovery)四个阶段。缩减阶段的工作旨在减小危机发生的可能性,减少危机可能带来的损失,通过风险评估、隐患排查等措施降低风险水平;预备阶段的工作注重建立危机预警机制、制订应急预案、储备应急资源等,为应对危机做好充分准备;反应阶段的工作侧重于在危机爆发时迅速且有效地采取行动,如启动应急预案、组织救援力量、进行信息沟通等,以控制危机局势;恢复阶段的工作侧重于在危机过后尽快恢复正常的生产生活秩序,包括对受灾地区进行重建、对受影响人员进行心理疏导和援助、总结经验教训等。Mengran Qi 依据 4R 危机管理理论,从缩减、预备、反应和恢复四个阶段分析高职院校网络舆情传播的特点和存在的问题,并提出相应对策。这表明 4R 危机管理理论为高职院校应对网络舆情危机提供了全面的分析框架和行动指南,有助于提升高职院校在网络舆情危机管理方面的能力和水平。励嘉伟等人以 4R 危机管理理论为基础,并结合运用了 SWOT 分析法,在突发公共卫生事件的背景下对公立医院的应急管理进行了研究,他们发现,我国公立医院的应急管理在缩减力、反应力、恢复力方面具有比较大的优势,但在预备力方面存在不足,这正是基于 4R 危机管理理论的四个维度进行的剖析,有助于深入认识我国公立医院应急管理的现状并提出针对性的改进策略。戴万稳在《危机管理之道》中基于系统动力学和组织学习相关理论对危机感知、危机应对、危机预防等进行了系统阐述,他阐述的内容虽然并非直接对应 4R 危机管理理论,但与 4R 危机管理理论在理念上有相通之处,两者都强调对危机的全面管理和应对过程中的系统性思维。例如,在 4R 危机管理理论中,在危机预防方面,缩减和预备阶段存在关联,都致力于在危机发生前降低风险和做好准备;在危机应对方面,反应和恢复阶段存在失联,都致力于在危机发生后积极应对危机和做好善后工作。上述例子都体现了 4R 危机管理理论在不同研究和著作中的内在关联,它们共同推动着危机管理领域的研究与实践发展,为不同行业和组织在应对危机时提供了丰富的理论依据和实践参考,有助于提升全社会的危机管理水平和危机应对能力。

三、协同治理理论

协同治理理论早期的思想雏形可以追溯到 20 世纪 70 年代,而真正较为系统地提出协同治理理论的是詹姆斯·N. 罗西瑙(James N. Rosenau),1995 年他在相关著作中阐述了全球治理等理念,为协同治理理论的发展奠定了基础。他的主要观点是在全球化背景下,治理主体呈现多元化的特征,政府、非政府组织、企业、公民等多种主体共同参与公共事务的治理。该理论强调没有一个单一的权威主体能够独立应对复杂多变的公共事务,各个治理主体之间需要相互协作。协同治理理论认为不同的治理主体具有不同的资源、能力和优势。政府拥有政策制定权、资源调配权等;非政府组织具有贴近基层的优势;企业在技术、资金和创新等方面有独特的长处;公民能够提供最直接的需求信息反馈。这些主体在公共事务治理过程中,通过信息共享、资源整合、优势互补,形成一种协同合作的关系。例如,在环境治理中,政府可以制定环保政策和法规,非政府组织可以开展环保宣传教育活动,企业可以通过技术创新减少污染排放,公民可以参与环保志愿者行动,各方共同协作来提升环境质量。

20 世纪末到 21 世纪初,协同治理理论进一步深化,这一时期的学者们更加关注协同治理的机制和过程,研究重点包括如何建立有效的沟通机制、协调机制和信任机制,以保障各个治理主体能够顺利地开展合作。Elizabeth A. Koebele 通过将协同治理理论与倡导联盟框架(Advocacy Coalition Framework, ACF)相结合,指出在协同治理安排下 ACF 变量之间可能存在不同的关系,并使用美国科罗拉多州一个协同治理过程的案例研究访谈数据来说明这个理论,这为协同治理的学习和实践提供了新的理论见解。韩英夫在其著作《协同与治理》中讨论了区域环境治理作为新型环境治理模式的独特内涵与特征、源流与现状,以及中央与各级地方政府为实现区域环境治理目标所采取的协同治理措施和权利保障话语下行使权力的合法性塑造。在该著作中,他还对这些治理措施在规范与类型、困境与实践、理论与逻辑、制度与模式等方面所面临的法律问题进行了分析与讨论。强宇豪和燕继荣指出在新的社会环境中,群体性事件呈现出不同的特点,互联网空间的替代效应和动员能力、新经济业态和转型社会带来的结构张力,给群体性事件治理带来了新挑战,提出了新要求。协同治理理论在群体性事件的预防调处中得到应用,注重针对社会矛盾纠纷的根源治理,强调企业、社会组织和个人等多元主体的协同参与,在畅通利益表达渠道、提供社会心理疏导、完善矛盾纠纷化解方案和促进维权的制度化与法治化等方面发挥着重要作用。

第二章
北京志愿服务现状与发展分析

志愿服务是社会发展的重要力量,它传递爱心、弘扬正气,促进社会和谐。志愿者通过无私奉献,为弱势群体提供帮助,缓解社会矛盾,提升公共文明程度。同时,志愿服务也是个人成长的有效途径,能够锻炼能力、磨砺意志、实现自我价值。志愿服务的社会价值和人文价值不可估量,是推动社会进步不可或缺的重要力量。北京作为中国的政治、文化中心,其志愿服务事业的发展不仅体现了城市的文明程度,还彰显了社会进步的内在动力。历经数十年的探索与实践,北京市在志愿服务领域取得了显著进步,北京市民政局联合中共北京市委社会工作委员会等相关部门共同制定并发布了《北京市志愿服务协议书》,旨在规范志愿服务流程,确保志愿者组织、志愿者个人以及服务接受方的合法权益得到有效保护。同时,为了加强志愿服务信用信息的管理,促进其与社会信用体系的深度融合,北京市还出台了《北京市志愿服务信用信息管理办法》。这些措施不仅提升了志愿服务的质量和效率,也为构建和谐社区贡献了力量。

第一节 北京志愿服务发展概述

一、北京志愿服务的发展历程

北京志愿服务自 20 世纪 80 年代起便已悄然萌芽,历经数载逐步发展壮大,在不同的历史时期均展现出独特的风貌,并取得显著的进步。

20世纪80年代初期,中国社会正处于改革开放的初期探索阶段,北京的志愿服务开始在社会基层土壤中孕育生长。当时,学雷锋活动在社会上广泛开展,北京出现了"综合包户"这样具有代表性的志愿服务雏形。在西城区大栅栏地区,粮店、副食店、理发馆等9家服务业单位的团支部与大栅栏街道团委、街道办公室携手合作,针对19户孤寡老人和烈属推行"综合包户"服务模式[①]。这一模式涵盖了送菜、送粮、送百货商品等多达10项日常服务内容,使得学雷锋活动不再是零星的、短暂的善举,而逐步走向经常化、制度化,为北京志愿服务奠定了初步的实践基础。

20世纪90年代,在我国持续推进经济建设的同时,精神文明建设也日益受到重视,北京的志愿服务迎来了组织化发展的重要契机。1993年,具有标志性意义的北京志愿者协会正式成立,这成为北京志愿服务发展史上的一座重要里程碑。该协会成立后,积极发挥组织引领作用,策划实施了一系列具有深远影响力的志愿服务项目。其中,青年志愿者扶贫接力计划便是典型代表。从1998年起,北京市每年面向广大青年招募志愿者,派遣这些志愿者前往内蒙古贫困县的中小学开展支教活动。这些志愿者远离城市的舒适与便利,深入偏远贫困地区,将知识与希望的火种播撒在孩子们的心间,不仅为当地教育事业注入了新鲜血液,也在全社会范围内弘扬了志愿服务精神,吸引了更多有志青年投身公益事业。

21世纪初,北京在国际舞台上的角色日益凸显,尤其是2001年申奥成功这一重大事件,为北京志愿服务的发展注入了强大动力,使其进入高速发展的黄金时期。为了成功举办一届令世界瞩目的奥运会,北京在志愿服务的筹备与组织方面进行了全方位、大规模的创新。北京面向社会各界广泛招募志愿者,吸引了不同年龄、职业、背景的人踊跃参与,参与的人数众多且大多数人的素质优良。在培训体系上,北京构建了一套全面而系统的培训课程,该课程涵盖礼仪

---

① 黄玉迎.北京志愿服务的N个第一:"综合包户"成创举,率先受到立法保障[N].北京日报,2018-09-28.

规范、专业知识、应急处理、语言技能等多个方面,旨在全方位提升志愿者的服务能力与综合素质。在管理机制上,北京在志愿者的招募流程、选拔标准、岗位分配以及后勤保障、绩效评估等各个环节,均制订了详细而科学的规划与安排,确保志愿服务的高效有序运行。在 2008 年奥运会举办期间,多达 170 万名奥运会志愿者活跃在各个岗位,他们以热情友好的态度、专业精湛的服务,为来自世界各地的运动员、观众和媒体提供了全方位的支持与帮助,成为北京奥运会成功举办的坚实基石,也让志愿者的微笑成为北京这座城市最亮丽、最具代表性的名片[①]。

北京奥运会的圆满落幕并非北京志愿服务的终点,而是北京志愿服务迈向新征程的起点。从 2008 年以后,北京志愿服务顺利进入常态化发展阶段。2009 年,在新中国成立 60 周年庆典活动中,北京志愿服务再次彰显出强大力量,95 万名国庆志愿者积极投身其中,在庆典的筹备、组织、保障等各个环节发挥了不可或缺的作用,以实际行动诠释了志愿服务精神与爱国情怀[②]。与此同时,在面对国内其他地区的突发自然灾害时,北京的志愿服务组织也迅速响应、积极行动。例如,在玉树地震发生后,共青团北京市委员会果断派出综合应急志愿服务队奔赴灾区,他们在灾区开展救援救助、心理疏导、物资分发等工作,为灾区人民带去了温暖与希望,也展示了北京志愿服务组织的社会责任与担当。此外,在上海世博会等国际大型活动中,北京志愿者同样积极参与,将北京志愿服务的经验与风采带到了更广阔的舞台。在这一阶段,北京通过对奥运会志愿者工作成果进行深入总结,不断完善"志愿北京"信息平台的功能与服务,进一步推动志愿服务队伍向专业化方向发展,逐步构建起志愿服务常态化发展的长效机制与良好生态,使得志愿服务在教育、医疗、扶贫、环保等社会各个领域全面铺开并持续深入。

在教育领域,众多支教志愿者长期扎根偏远山区学校,克服生活条件与教学环境上的困难,为山区孩子们传授知识、开阔视野;在医疗领域,医疗志愿者

---

① 佚名.志愿者的微笑是北京最好的名片——北京奥运会、残奥会志愿者工作总结报告[J].北京青年工作研究,2008(9):14-23.
② 《国庆 60 周年庆祝活动北京志愿服务工作调查》,2010 年。

定期深入社区、乡村,开展义诊活动,为基层群众提供免费的医疗检查与健康咨询服务,同时举办各类健康科普讲座,向民众普及卫生保健知识,提升民众健康意识与自我保健能力;在扶贫领域,志愿者积极参与到对口帮扶地区的产业扶持、文化建设、教育提升等多方面工作中,通过产业扶持助力贫困地区的经济发展,通过文化建设丰富贫困地区群众的精神文化生活,通过教育提升为贫困地区培养人才、阻断贫困代际传递;在环保领域,志愿者积极参与植树造林、河流保护、垃圾分类宣传与实践等活动,以实际行动倡导绿色生活方式,推动生态文明建设。

北京志愿服务的发展历程是一部不断传承、创新与发展的奋斗史,它见证了北京这座城市在社会文明进步道路上的坚实步伐,也为全国志愿服务事业的发展提供了宝贵的经验与示范。作者根据网络资料自行搜集整理了近20年北京重大事件志愿服务情况,如表2-1所示。

表2-1 北京重大事件志愿服务情况汇总

年份	重大事件	志愿服务种类	组织名称	人员数量
2008	北京奥运会	会务服务、导游、安保等	北京奥组委志愿者部	约170万
2010	北京市志愿服务联合会成立	社区服务、扶贫帮困等	北京市志愿服务联合会	约95万
2015	北京世锦赛	赛事服务、语言翻译等	北京世锦赛志愿者团队	约2万
2022	北京冬奥会	赛事服务、疫情防控等	北京冬奥组委志愿者部	约1.9万

二、政策支持与法规建设情况

在国家层面,2024年4月中共中央办公厅、国务院办公厅印发《中共中央办公厅 国务院办公厅关于健全新时代志愿服务体系的意见》,明确了志愿服务事业是党的重要工作内容,确定中央社会工作部负责全国志愿服务工作的统筹规划等,提出到2035年基本形成系统完备的志愿服务制度和工作体系。该文件还将"两企三新"纳入志愿服务事业发展蓝图,丰富了志愿服务的主体类型,同时明确了志愿服务的重点领域和项目,如持续推进大学生志愿服务西部计划等各类专项行动,大力发展党员、青年等多种志愿者队伍,推动志愿服务融入基层社会治理,构建志愿服务国际合作交流新格局等,为志愿服务事业的发展指明了方向①。

在地方层面,北京市委社会工作领导小组于2024年10月印发《北京市关于健全新时代志愿服务体系的若干措施》,提出构建北京特色志愿服务工作格局,聚焦于"四个中心"功能建设,助力国际一流和谐宜居之都建设,树立"微笑北京"志愿服务品牌形象,汇聚"柠檬黄""志愿蓝""平安红"等首都志愿力量,持续开展志愿服务。《北京市关于健全新时代志愿服务体系的若干措施》在健全工作体系方面,要求完善平时动员制度安排,健全党员志愿服务机制等;在支持保障方面,要求完善发展政策,统筹资金支持,注重权益保障,强化激励褒奖,提供法治支撑等;在工作机制方面,要求构建三级工作机制,促进社会协同,加强京津冀协作等。

在法规建设进展上,2017年颁布的《志愿服务条例》从顶层设计上解决了志愿服务"多头管理"的问题,明确了民政部门负责志愿服务的行政管理工作,同时提到要保障志愿者、志愿服务组织、志愿服务对象的合法权益,这为专业志愿服务发展提供了政策机遇。但该条例也存在一些不足,如对志愿服务组织的保障与支持不足,对后续配套保障与支持措施未跟进落实等。随着社会的发展,修订《志愿服务条例》以及推进志愿服务立法的需求日益迫切。

在政策层面,从组织管理来看,政策推动了志愿服务组织的规范化建设。例如,2020年民政部出台的《志愿服务记录与证明出具办法(试行)》明确要求志愿服务组织依法记录服务内容、时长等信息,并规范证明出具流程。这一政策实施后,北京市朝阳区率先建立统一的志愿服务信息管理平台,辖区内的326个社区志愿服务队全部完成注册登记,该平台实现了服务记录的电子化、可追溯。同时,该区还依托政策要求,制定了志愿服务培训标准,每年组织2次骨干志愿者专业培训,培训内容涵盖应急救护、心理疏导等实用技能。通过政策引

---

① http://imgs.xinhuanet.com/politics/zywj/20240422/7fd20659ac724c16a640be08eac3e340/c.html。

导，北京市朝阳区志愿服务组织显著提升了人员管理、服务流程、监督评估等方面的规范化水平。从志愿服务项目实施和推广来看，政策引导志愿服务项目更加贴近社会需求，各地围绕民生问题、社会治理效能提升、文明风尚培育等开展的各类志愿服务项目，有效提升了志愿服务的供需对接效率和服务质效。从宣传表彰来看，政策完善了激励褒奖机制，增强了志愿者的成就感和荣誉感，推动了全社会共同关心支持志愿服务良好氛围的形成。

第二节 北京志愿服务组织开展志愿服务的情况

当前，北京志愿服务呈现出多元化、专业化、社会化的特点。在志愿服务种类上，除了传统的社区服务、扶贫帮困服务外，北京还涌现出了环保志愿服务、文化志愿服务、应急志愿服务等新兴领域。例如，北京环保志愿者协会会定期组织志愿者参与城市绿化、垃圾分类等活动，这些活动吸引了大量市民参与。在专业化方面，北京志愿服务组织注重提升志愿者的专业技能，开展了各类培训课程。例如，北京红十字志愿者协会提供的急救培训课程，使志愿者在突发事件中能够提供有效帮助。在社会化方面，北京志愿服务得到了社会各界的广泛认可和支持，企业、高校、社区等纷纷参与到志愿服务中。

一、北京志愿服务组织概况

北京有许多知名的志愿服务组织，截至2024年6月，通过"志愿北京"信息平台实名注册的志愿者人数已超过500万，志愿服务组织的个数超过8万[①]。其中，北京回龙观医院志愿者协会成立于2001年5月，是由医院内外志愿从事社会公益、社会服务和社会保障事业的心理卫生从业人员组成的联合性、非营

---

① http://bj.chinavolunteer.mca.gov.cn/subsite/beijing/home.

利性社会团体。顺义区双丰街道治安志愿者分会的志愿者身穿亮橙色马甲开展志愿服务活动，被居民亲切地称为"暖心橙"，以全力打造"双丰幸福圈"，营造"双丰好风气"。北京同仁医院志愿服务队在疫情防控中冲锋在前。窦珍志愿服务联合会以"扫桥老人"窦珍命名，发起"小帮老"等多项志愿服务，并曾获得北京市志愿服务项目大赛的金奖。此外，北京还有北京益新医学发展基金志愿者团队、北京市朝阳区恒兴肿瘤医院志愿者服务队、京仁博爱口腔慈善义工队、"一站一坐"公益网球服务队、益企联公益志愿服务团队、北京市石景山区新时代社会领域党建工作室服务队等"最美义工"团体。

二、北京志愿服务组织开展的志愿服务种类

北京志愿服务种类繁多，涵盖多个领域。从活动类型来看，北京志愿服务包括环境保护类志愿服务、社区服务类志愿服务、文化教育类志愿服务、助老扶幼类志愿服务、大型活动服务类志愿服务五大类。从组织者类型来看，北京志愿服务包括政府组织的志愿服务、社区组织的志愿服务、企业组织的志愿服务、非营利性组织组织的志愿服务四大类。

1. 从活动类型来看

（1）环境保护类志愿服务

在北京，众多志愿服务组织积极投身于环境保护类志愿服务。其中，"绿色守护者联盟"自成立以来，长期专注于北京的森林资源保护工作。该组织定期组织志愿者深入山区森林，开展巡逻监测活动，志愿者们徒步穿越山林，仔细检查是否存在非法砍伐、森林火灾隐患以及野生动物受困等情况，并及时记录和上报相关信息。在春秋两季森林防火期，志愿者们更是加大巡逻力度，通过设置宣传点、发放宣传资料等方式，向周边居民和游客宣传森林防火知识，提高公众的防火意识。此外，该组织还积极参与植树造林活动，每年都会组织志愿者在指定区域种植大量树木，为改善北京的生态环境贡献力量。据统计，在过去5年中，"绿色守护者联盟"累计组织志愿者参与森林巡逻监测达3 000余次，种植

树木超过50万株。中国湿地保护协会致力于北京地区湿地的保护与修复。志愿者们定期对湿地的生态环境进行监测,包括水质监测、鸟类观测、植被调查等。他们运用专业的监测设备和科学的方法,收集湿地的生态数据,并将这些数据反馈给相关部门,为湿地保护政策的制定和实施提供依据。同时,该协会还组织志愿者开展湿地保护宣传活动,走进学校、社区、公园等地,举办湿地保护知识讲座、图片展览活动等,向公众普及湿地的重要性和保护湿地的方法,这有效提升了公众对湿地保护的关注度和参与度[①]。

(2) 社区服务类志愿服务

社区服务类志愿服务在北京志愿服务组织的工作中占据重要地位。"社区互助之家"志愿服务组织以社区为核心,开展了丰富多彩的志愿服务活动。该组织组织志愿者为社区内的孤寡老人提供生活照料服务,志愿者们会定期上门为老人打扫房间、洗衣服、做饭等,让老人感受到社会的关爱与温暖。例如,在某社区,志愿者们与20余位孤寡老人结成帮扶对子,每周至少上门服务两次,一年下来累计服务时长超过5 000小时。该组织还注重社区文化建设,组织志愿者开展各类文化活动,如举办文艺演出、书法绘画展览、民俗文化传承活动等。志愿者们积极动员社区居民参与,丰富了社区居民的精神文化生活,增强了社区的凝聚力和向心力。在过去一年中,该组织共举办10余场文艺演出、5次书法绘画展览,参与的居民达数千人。另外,"社区和谐使者"志愿服务组织则致力于社区矛盾调解工作,志愿者们经过专业培训后,深入社区了解居民之间的矛盾纠纷,通过耐心倾听、沟通协调等方式,帮助居民解决问题,促进社区和谐稳定。该组织成功调解了多起社区矛盾纠纷,有效维护了社区的良好秩序。

(3) 文化教育类志愿服务

文化传承志愿者团队专注于北京传统文化的传承与弘扬。他们组织志愿者深入北京的胡同、四合院,挖掘整理传统民俗文化,学习京剧脸谱绘制、老北

---

① https://yllhj.beijing.gov.cn/zwgk/zwxx/202209/t20220921_2820020.shtml。

京手工艺品制作等技艺。志愿者们先通过拜师学艺掌握传统技艺,再走进学校、社区,开设传统文化体验课程,让更多的人尤其是青少年了解和喜爱北京的传统文化。截至2024年6月,该团队累计开展的传统文化体验课程达300余场,覆盖的学校和社区超过100个,参与学习的人超过2万人。在教育领域,"爱心支教联盟"组织志愿者前往北京周边偏远地区的学校进行支教服务。志愿者们根据当地学校的教学需求和学生特点,精心设计教学课程,这些课程涵盖语文、数学、英语等基础课程以及音乐、美术、体育等素质教育课程。志愿者们不仅给学生传授知识,还注重培养学生的学习兴趣和创新思维能力[①]。在支教过程中,志愿者们还积极开展家访活动,了解学生的家庭环境和学习困难,为贫困学生捐赠学习用品和书籍,帮助他们更好地完成学业。据不完全统计,"爱心支教联盟"每年组织志愿者支教的时长累计超过1万小时,受益学生达数千人。

(4) 助老扶幼类志愿服务

助老扶幼是北京志愿服务的重要内容。"夕阳关爱志愿者协会"长期关注老年人的生活需求和精神健康。他们组织志愿者开展"陪伴老人"活动,志愿者们定期到养老院、社区老年人活动中心陪老人聊天、下棋、读书等,为老人排解孤独。在一些特殊节日,如重阳节、春节等,志愿者们还会为老人举办文艺演出、集体生日会等活动,让老人感受到节日的欢乐和社会的关怀。该协会每年组织的各类助老活动达200余场,服务的老人超过5 000人。"春蕾护幼志愿者团队"则致力于关爱儿童成长。他们为贫困家庭儿童、留守儿童提供学习辅导、心理疏导等服务。志愿者们利用周末和节假日时间,到儿童家中或在社区儿童活动中心,给孩子们辅导功课,解答学习上的疑问。同时,志愿者中有专业的心理咨询师,他们会针对部分儿童因家庭原因产生的心理问题,对孩子们进行一对一的心理辅导,帮助孩子们树立自信、健康成长。该团队已为1 000多名儿童

---

① 于爽,《京蒙同心共筑教育——北京市东城区第六批京蒙协作教育帮扶支教团队前往阿尔山开启新学期支教工作》,澎湃新闻,2024年3月1日。

提供了学习辅导和心理疏导服务,得到了社会各界的广泛认可。

(5) 大型活动服务类志愿服务

北京作为国际化大都市,经常举办各类大型活动,志愿服务组织在其中发挥着不可或缺的作用。在奥运会、冬奥会等重大体育赛事期间,"奥运志愿服务联盟"等组织招募大量志愿者参与服务。志愿者们承担着赛事场馆引导、运动员服务、媒体接待等多方面的工作。在赛事场馆引导工作中,志愿者们需要提前熟悉场馆的各个区域和设施,为观众提供准确的座位、卫生间位置、餐饮区域等信息,确保观众能够顺利观赛。在运动员服务工作中,志愿者们负责运动员的接送、训练场地的安排、生活物资的保障等工作,为运动员创造良好的比赛和生活条件。在媒体接待工作中,志愿者们需要协助媒体记者进行赛事报道,提供新闻中心的使用指导、采访安排等服务。据统计,仅在北京奥运会期间,参与服务的志愿者就超过 10 万人,累计服务时长超过 200 万小时。例如,在北京冬奥会筹备和举办期间,赛会志愿者分为通用赛会志愿者和专业赛会志愿者两大类,服务类别包括对外联络服务、竞赛运行服务、媒体运行与转播服务等 12 类。此外,在北京的国际文化交流活动、大型展览会议等场合,也能见到众多志愿者的忙碌身影。他们在活动现场提供翻译、秩序维护等服务,保障活动的顺利进行,向世界展示北京的良好形象和市民的文明素质。

2. 从组织者类型来看

(1) 政府组织的志愿服务

政府组织的志愿服务往往能汇聚起多元职业背景的参与者。以北京市组织开展的第三届北京市民快乐冰雪季"助力冬奥"冰雪公益体验课活动为例,顺义区总工会成功组织了来自全区各行各业的 32 家单位的 200 名职工参与滑雪公益体验课[①]。这体现出政府部门强大的组织协调能力。在职业多样性方面,无论是大型企业的职工,还是事业单位的工作人员、小微企业的从业者,都积极响应政府组织的活动。例如,科技企业的程序员、学校的教师以及政府机关的

---

① 皮秋元.北京市民雪上公益体验课在顺义开讲[J].工会博览,2017(4):41.

办事员等都可能出现在活动现场。他们之所以积极参与,是因为对政府组织的活动怀有较高的信任度与认同感。政府在社会公益事业中扮演着引领者的角色,民众相信参与这类活动不仅能提升自我,还能为社会整体的公益事业发展贡献力量。并且,政府组织的活动往往有着完善的保障体系,无论是活动场地的安排、专业教练的配备,还是安全措施的落实,都让参与者无后顾之忧,因此这类活动吸引了广泛职业领域的人群投身其中。

(2) 社区组织的志愿服务

社区组织的志愿服务呈现出鲜明的地域与人群特征。在抗击新冠疫情期间,北京市的众多社区组织居民参与志愿防疫服务。地域集中性是社区组织的志愿服务的显著特点,参与者基本来自本社区。他们熟悉自己所在社区的每一个角落,对社区里的街道布局、居民楼分布以及各个出入口位置等都了然于心,这使得他们在进行社区巡逻、出入口值守、物资配送等志愿服务时能够高效、便捷地开展工作。研究数据表明,女性在社区志愿防疫服务中的参与度相对较高。例如,在某社区的志愿服务队伍中,女性占比为60%以上。这可能是因为女性在家庭与社区事务中往往扮演着更为细腻和亲和的角色,更愿意主动承担社区防疫中的细致工作,如体温检测、信息登记等工作。而具有较高教育水平的居民也表现出较高的参与热情,他们更能理解防疫工作的重要性和科学方法,并且能够运用自己的知识更好地进行防疫宣传、解答居民疑问等工作。另外,有过社区志愿服务经验的居民再次参与志愿服务的可能性更大。曾经参与过社区环境整治、关爱孤寡老人等活动的居民在疫情来袭时,能更迅速地加入防疫志愿服务队伍中,他们熟悉社区组织的运作模式,能更快地适应防疫工作的要求并发挥积极作用。

(3) 企业组织的志愿服务

企业组织的志愿服务的参与者主要为企业员工及其相关合作人员。企业组织的志愿服务往往与企业自身业务或社会责任紧密相连。例如,北京一家环保企业组织员工参与河流湖泊的清洁与水质检测志愿服务,员工们由于在日常工作中对环保知识和检测技术有一定的了解,因此在志愿服务中能够更加专业地进行操作。他们清楚不同污染指标的含义以及相应的检测流程,能够准确地收集数据并分析水质状况。在团队合作性方面,企业员工在进行志愿服务时通常会以团队形式开展工作。企业内部有着完善的组织架构和管理模式,在志愿服务中具有高效的执行力。例如,在一次社区公益植树活动中,企业会根据员工的部门划分任务,市场部负责宣传推广此次活动,后勤部负责物资保障,而技术部和生产部则承担主要的植树任务,各部门之间协同合作,像一部精密的机器一样运转,这大大提高了志愿服务的效率和质量,同时也在志愿服务过程中增强了企业内部的凝聚力和员工之间的协作能力。

(4) 非营利性组织组织的志愿服务

非营利性组织组织的志愿服务吸引着广泛且具有特定倾向的人群。以北京市夕阳再晨社会工作服务中心为例,在其组织的志愿服务中大学生群体是重要力量。大学生充满热情与活力,对社会有着强烈的探索欲和责任感。他们积极参与到走进社区教授老年人新技能的活动中,如教会老年人使用智能手机进行线上社交、移动支付以及获取资讯等。大学生在校园中积累了丰富的知识并具有创新思维,在志愿服务中能够以新颖的方式与老年人沟通互动,耐心地解答老年人的各种问题。从特定服务对象导向来看,非营利性组织因专注于服务特定群体而吸引相应人群。当服务对象为老年人时,那些对老年人关爱有加、富有耐心且渴望在老年服务领域有所贡献的人就会积极参与。他们可能是心理学专业的学生(想要为老年人提供心理关怀),也可能是社区居民(因与家中老人相处的经历而对老年群体有着特殊的情感,希望能在志愿服务中给更多老人带去温暖和提供帮助)。这些参与者因非营利性组织明确的服务目标而聚集在一起,共同为特定群体提供有针对性的志愿服务,使非营利性组织的公益价值得到更好地实现。

三、北京志愿服务的开展模式

北京作为中国的政治、文化和国际交往中心,拥有丰富的资源和多元的社会需求,其志愿服务组织在开展志愿服务方面形成了多种独具特色且行之有效的模式,这些模式在促进社会和谐、推动城市发展、弘扬公益精神等多方面发挥着极为重要的作用。

1. 项目驱动模式

项目驱动模式是北京志愿服务组织常用的志愿服务模式,在这种模式下,志愿服务组织通常依据特定的社会需求或问题,策划并实施一系列有明确目标、计划和执行步骤的志愿服务项目。以下是北京志愿服务组织策划并实施的两个典型项目。

(1)"北京绿色行动"项目

"北京绿色行动"项目聚焦于城市垃圾分类与资源回收利用问题。北京志愿服务组织通过社区宣传、学校教育等多种途径,向市民普及垃圾分类的知识及重要性,提高公众的环保意识。在这一阶段,志愿者们深入社区,举办垃圾分类知识讲座,发放宣传手册,并在社区设置垃圾分类示范站点,现场指导居民如何正确地进行垃圾分类。在宣传教育取得一定成效后,该项目进入实际操作环节,志愿者们组织社区居民开展垃圾分类收集活动,定期在社区内设置分类垃圾回收点,对可回收物进行集中回收,并与相关企业合作,实现资源的循环利用。同时,针对一些难以处理的有害垃圾,志愿者们协助环保部门进行安全收集与处理。这样一个完整的项目不仅有效改善了社区的环境状况,还在全社会范围内推动了垃圾分类理念的普及和实践。

(2)"梦想支教"项目

"梦想支教"项目由北京的某个教育公益组织发起。该教育公益组织针对北京周边贫困地区教育资源相对匮乏的现状,每年组织一批经过选拔和培训的志愿者教师前往支教。志愿者们根据当地学校的课程设置和学生需求,制订详细的教学计划。在支教过程中,志愿者们不仅传授学生知识,还注重培养学生的学习兴趣和综合素质,通过组织课外兴趣小组、举办校园文化活动等方式,丰富学生的课余生活。项目结束后,该教育公益组织对支教效果进行跟踪评估,总结经验教训,以便对后续支教项目进行优化改进。

项目驱动模式能够集中资源,有针对性地解决特定社会问题,并且能够在项目实施过程中不断积累经验,提升志愿服务的质量和效果。

2. 社区扎根模式

社区扎根模式强调志愿服务组织与社区紧密合作,以社区为依托开展志愿服务活动,旨在满足社区居民的多样化需求,提升社区的整体福利水平,增强社区的凝聚力,许多北京的社区志愿服务组织活跃在各个社区之中。

"社区暖心服务社"专注于为社区内的老年人提供关爱服务。该组织深入社区,了解老年人的生活状况和需求,建立老年人服务档案。根据档案信息,该组织组织志愿者开展上门陪伴、健康护理、文化娱乐等服务活动。志愿者们定期上门看望独居老人,陪他们聊天、散步,帮助他们解决生活中的一些小困难;同时,还邀请专业的医护人员为老年人举办健康讲座、进行简单的身体检查,并为老年人提供康复护理指导。在文化娱乐方面,该组织组织老年人参加书法、绘画、合唱等兴趣班,丰富他们的精神文化生活。这些常态化的志愿服务活动使社区老年人感受到社会的关爱和温暖,增强了他们的生活幸福感和社区归属感。

一些社区志愿服务组织致力于社区环境改善与文化建设。他们发动志愿者参与社区绿化美化活动、种植花草树木、维护社区公共绿地;挖掘社区的历史文化资源,组织志愿者开展社区文化遗产保护与传承工作,并通过举办社区文化展览、民俗活动等形式,让社区居民更好地了解和传承本土文化。社区扎根模式使得志愿服务深入到社区的各个角落,与居民的日常生活紧密相连,形成了一种社区居民共建共享的良好氛围,有效促进了社区的和谐稳定发展。

3. 平台整合模式

平台整合模式借助现代信息技术和网络平台,整合志愿服务资源(包括志愿者、服务项目、捐赠物资等),提高志愿服务的效率和精准度。

"志愿云"平台就是一个典型的代表。该平台汇聚了大量的志愿服务组织、志愿者以及各类志愿服务项目信息。志愿服务组织可以在平台上发布志愿服务项目需求,详细说明项目的内容、时间、地点、所需志愿者人数及技能要求等信息。志愿者则可以通过平台注册登录,根据自己的兴趣、技能和时间安排,搜索并报名参加适合自己的志愿服务项目。该平台还具备智能匹配功能,能够根据志愿者的个人信息和项目需求,自动推荐合适的志愿服务机会,大大提高了志愿服务的供需对接效率。

此外,"志愿云"平台还对捐赠物资和资金进行了整合管理。例如,一些志愿服务组织通过网络平台开展公益众筹活动,广泛募集社会各界捐赠的物资和资金。"志愿云"平台对这些捐赠资源进行统一登记、管理和调配,确保其能够精准地投入有需求的志愿服务项目中。例如,在抗击疫情期间,北京的许多志愿服务组织通过网络平台发起抗疫物资捐赠项目,迅速整合了大量的医疗防护物资、生活物资等,并及时将这些物资调配到抗疫一线的医院、社区等,为疫情防控工作提供了有力的物资保障。

平台整合模式充分利用了现代信息技术的优势,打破了志愿服务资源的信息壁垒,实现了资源的优化配置,使志愿服务能够更加高效、精准地开展。

4. 专业引领模式

专业引领模式突出专业人才和专业技能在志愿服务中的作用,通过组建专业的志愿服务队伍或引入专业机构,提升志愿服务的专业化水平。

在医疗志愿服务领域,北京的一些志愿服务组织与专业医疗机构合作,组建了医疗专业志愿服务队。这些志愿者大多是来自各大医院的医生、护士、药剂师等专业人员。他们利用业余时间,为社区居民、贫困地区群众提供免费的医疗咨询、义诊、健康体检等服务。在服务过程中,志愿者们凭借其专业的医学知识和丰富的临床经验,能够准确地诊断病情、提供合理的治疗建议,并开展健康科普宣传活动,向群众普及常见疾病的预防和治疗知识。例如,"北京健康使者"志愿服务队定期深入偏远山区,为当地村民进行免费体检,并针对村民的健康问题提供个性化的医疗方案。同时,他们还为当地的乡村医生举办专业培训讲座,传授其先进的医疗技术和诊疗理念,以提升基层医疗服务水平。

在文化遗产保护志愿服务方面,专业的文化机构和专家发挥着重要的引领作用。例如,北京某文化遗产保护志愿服务组织邀请考古学家、历史学家、文物修复专家等组成专业指导团队,为志愿者开展文化遗产保护培训。志愿者们在专业团队的指导下,参与到古建筑保护、文物修复、文化遗产普查等工作中。他们学习古建筑测绘技术、文物修复工艺等专业知识和技能,协助专业人员进行实地勘察、数据采集、文物修复等工作,为北京的文化遗产保护事业贡献力量。专业引领模式能够充分发挥专业人才的优势,提高志愿服务的质量和专业性,使志愿服务在一些对专业技能要求较高的领域发挥更大的作用。

5. 多元合作模式

多元合作模式注重志愿服务组织与政府部门、企业等多方面力量的合作,以整合各方资源,形成志愿服务的强大合力。北京的志愿服务组织在开展大型志愿服务活动时,常常与政府部门合作。例如,在举办国际大型体育赛事或文化活动时,志愿服务组织与政府的体育、文化等部门协同合作。政府部门负责活动的整体规划、协调各方资源以及提供政策支持和保障;志愿服务组织则组织志愿者承担赛事服务、观众引导、文化交流等具体工作任务。在北京冬奥会期间,众多志愿服务组织与北京市政府相关部门紧密合作,招募、培训并组织了大量志愿者参与到场馆运行、运动员服务、媒体接待等各个环节,为北京冬奥会的成功举办提供了全方位的志愿服务保障。

志愿服务组织与企业的合作日益频繁。企业可以为志愿服务组织提供资金、物资、技术等方面的支持,志愿服务组织则为企业提供参与志愿服务活动、履行社会责任的平台。例如,某企业与北京的环保志愿服务组织合作,赞助开展环保公益项目。企业提供用于购买环保监测设备、开展环保宣传活动等的资金,志愿服务组织则组织志愿者利用这些设备对城市环境进行监测,并将监测数据反馈给企业和相关部门,同时通过志愿者的宣传活动,提高公众的环保意识,提升企业的社会形象。此外,志愿服务组织之间也相互合作,以实现资源共享、优势互补。不同领域的志愿服务组织可以联合开展综合性的志愿服务项目。比如,教育志愿服务组织与社区志愿服务组织合作,在社区内开展青少年课外教育活动,教育志愿服务组织提供师资和课程资源,社区志愿服务组织提供场地和社区居民组织协调服务,双方共同为社区青少年的成长和发展创造良好的条件。多元合作模式能够充分整合各方资源,发挥不同主体的优势,扩大志愿服务的影响力和覆盖面,推动志愿服务事业的全面发展。

北京志愿服务组织开展志愿服务的模式呈现出多样化、创新性的特点,这些模式相互补充、协同发展,在满足北京城市发展和社会需求方面发挥着不可替代的作用。随着社会的不断发展和进步,北京志愿服务组织的志愿服务模式也将不断创新和完善,为构建更加和谐、美好的社会贡献更多的力量。

第三节 北京志愿者的相关情况

北京实名注册的志愿者人数众多,他们在各个领域积极奉献,为城市的发展和进步做出了重要贡献[①]。

一、志愿者的年龄、性别、职业

在年龄方面,北京的志愿者群体涵盖了多个年龄段,其中大学生和中老年人成为两大主力军。例如,在北京奥运会中,7万名志愿者中有约5.3万名志愿者是大学生,他们充满活力和热情,利用课余时间积极参与赛事筹备、语言翻译、文化展示等各类志愿服务活动。而中老年志愿者凭借丰富的经验和人生阅历,在社区养老、环境保护等领域发挥着不可替代的作用。在性别方面,北京女性志愿者所占比例长期保持在半数以上,如在"志愿北京"平台公布的北京市五星级志愿者(2024年)第十批名单中,女性志愿者占比高达74.5%,这体现出女

---

① http://bj.chinavolunteer.mca.gov.cn/subsite/beijing/home。

性在志愿服务中的地位与作用,但总体上男女比例较为均衡,两者在不同领域各展所长。在职业方面,根据"志愿北京"平台注册情况,志愿者群体涵盖了学生、公务员/事业单位人员、企业员工、社区居民/退休人员等多个职业类别,他们利用各自的专业知识和技能,为志愿服务提供了多样化的支持,形成了互补共进的良性局面。

二、志愿者的参与动机

北京志愿者的参与动机呈现出显著的多样性,既有个体层面的自我实现需求,也有社会层面的责任感驱动。例如,根据北京奥运会中大学生志愿者动机调查的数据(图 2-1),在个人动机方面,"体验与满足好奇心的需要"占比为 45%,"自我提升的需要"占比为 34%;在社会性动机方面,"回报社会"占比为 9%,"荣誉感"占比为 12%。他们通过参与志愿服务,不仅能够亲身体验奥运盛会的魅力,满足好奇心,还能在服务过程中提升自己的组织能力、沟通能力等综合素质,为社会贡献自己的力量,获得荣誉感和成就感[①]。

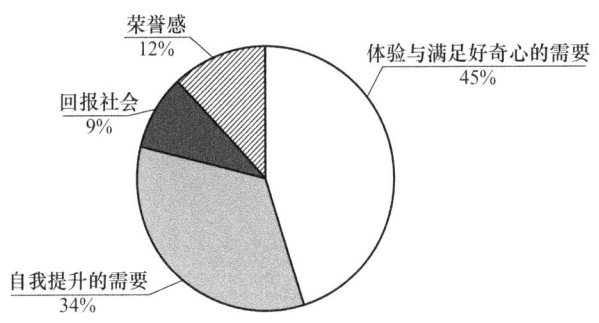

图 2-1 北京奥运会中大学生志愿者动机调查的数据

在大型体育赛事中,志愿者的参与动机较复杂。根据图 2-2 所示的北京冬奥会志愿者动机分析的数据,个人发展型动机占比最高,达 24%,其中提升专业

---

① 高金金,訾非,宗春山,等. 2008 北京奥运会大学生志愿者志愿动机研究[J]. 中国健康心理学杂志,2009(12):1475-1477.

技能的需求最突出;经济回报型动机占20%,其中直接报酬和福利补贴是志愿者主要考量的因素;社交需求型动机占19%,其中拓展人脉的需求最为普遍;纯粹利他型动机占15%,其中无偿帮助他人是志愿者的主要目的;声誉塑造型动机占12%,其中提升社会形象是志愿者的主要目的。这些数据反映了现代人行为动机的多元化特征。而在社区养老志愿服务中,根据调研,老年志愿者的参与动机大致分为四类:履行社会责任、建立社会联系、实现自我价值、实现角色转换。其中履行社会责任和建立社会联系的参与动机更常见。[①] 他们通过为社区老人提供各类服务,不仅发挥了自身的优势,还增强了社会归属感和生活满足感,实现了老有所为、老有所乐。

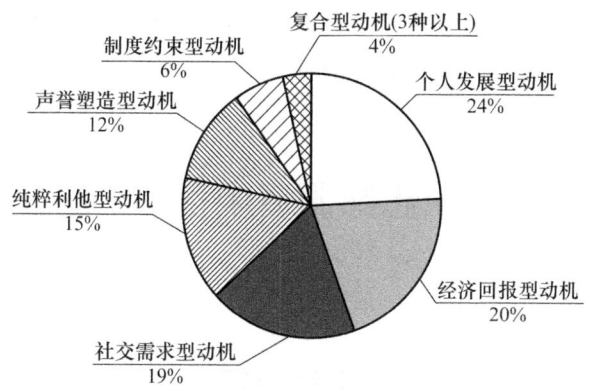

图2-2　北京冬奥会志愿者动机分析

三、志愿者群体多样性分析

北京的志愿者群体不仅人数众多,而且构成复杂,展现出丰富的多样性。从服务领域来看,志愿者活跃在体育赛事、博物馆讲解、社区养老、灾害准备等多个领域,每个领域都有其独特的特点和需求。根据北京志愿服务领域分布统计数据,体育赛事志愿者占比为24.7%,博物馆讲解志愿者占比为15.3%,社

---

① 徐志军,李四平,唐军,等.2023年北京社会建设分析报告[M].北京:社会科学文献出版社,2023:108.

区养老志愿者占比为 29.9%,灾害准备志愿者占比为 10.2%,其他领域的志愿者占比为 19.9%[①]。不同领域的志愿者群体在专业技能、服务方式等方面各有侧重,如体育赛事志愿者需要具备较强的组织协调能力和语言沟通能力,而社区养老志愿者则需要更具有耐心,更注重人文关怀。从志愿者的来源来看,北京吸引了来自本地、国内其他地区以及国际的志愿者。以北京奥运会为例,根据北京奥运会志愿者来源统计数据,本地志愿者占比为 59.9%,国内其他地区志愿者占比为 30.1%,国际志愿者占比为 10.0%,从超过 100 万的申请者中选拔出的 7 万名志愿者,构成了一个国际化、多元化的志愿者团队。志愿者群体在年龄、性别、职业、文化背景等方面也呈现出多样性。这种多样性不仅为志愿服务提供了更广泛的视角和更丰富的资源,也促进了不同群体之间的交流与融合,推动了北京志愿服务事业的蓬勃发展。

第四节　北京志愿服务中存在的突出问题

一、志愿者参与度不高和活动组织不够灵活

1. 特定人群参与存在瓶颈与组织时间僵化

北京志愿服务的参与度困境在特定人群中表现突出。中青年群体本应是社会活力与专业技能的重要承载者,但其在志愿服务中的活跃度不高。在志愿服务活动中,虽然企业员工有一定的参与比例,但是参与比例不高。很多小型企业员工常受困于高强度工作与紧张日程,经常加班,难以分身参与志愿服务。以科技初创企业为例,员工常需要赶项目进度,无暇顾及志愿服务活动。活动组织时间设定的僵化更是雪上加霜。社区环保活动多在工作日的白天开展,这

---

① 李新玲. 300万人申请志愿服务北京奥运会[EB/OL]. (2008-05-11)[2025-01-17]. http://zqb.cyol.com/content/2008-05/11/content_2175561.htm.

种时间安排与上班族的工作时间和学生的在校学习时间存在冲突,这使上班族和学生群体无法参与志愿服务活动,极大限制了志愿者来源。例如,某中心城区社区组织的河道清理环保活动在工作日的白天进行,仅有少数退休老人参与,而周边写字楼内众多有环保热情的年轻白领和附近学校满怀热忱的学生因时间冲突而无法加入,致使活动人力单薄,效果大打折扣,无法充分发挥志愿服务的社会效能,也阻碍了志愿服务在不同年龄和职业群体中的均衡拓展。

2. 信息传播渠道狭窄且低效与活动内容单调

北京志愿服务的信息传播渠道狭窄且低效,过度依赖特定平台和局部社区公告,这种传播模式导致大量潜在志愿者因不能有效接收志愿服务相关信息而错失参与机会。许多新兴社交平台、职场交流群组等未被充分利用,导致志愿服务信息传播范围受限、渗透力不足。同时,活动内容设计陈旧乏味,成为抑制参与热情的关键因素。文化教育类志愿服务活动常陷入开设传统讲座或授课的"泥沼",形式单一、互动匮乏。历史文化传承类志愿服务活动常常只是简单讲解历史知识,缺乏实地考察、文物仿制等多元体验环节。这既无法激发志愿者的参与兴趣,也难以满足服务对象深度参与和知识内化的需求。长此以往,志愿者和服务对象逐渐对活动失去期待,其参与积极性持续受挫,使志愿服务在文化教育领域难以深耕细作,无法有效传承文化、启迪智慧,进一步削弱了志愿服务的社会吸引力与文化影响力。

3. 活动分布不均与地域差异显著

北京志愿服务在活动分布与地域参与上呈现出鲜明的不平衡态势。在大型活动期间,如奥运会、冬奥会,志愿服务资源高度集聚,引发短期志愿热潮。然而,赛事落幕时便人潮散去,后续活动衔接断裂,服务选择单一,众多志愿者因无所适从而流失。这种"峰谷"现象严重扰乱志愿服务的生态平衡,造成人力资源浪费与服务断档。在地域层面,由于中心城区资源富集、宣传得力,因此志愿服务开展得如火如荼,群众参与度高涨;反观偏远城区及城乡接合部,志愿服务缺乏必要的活动经费和物资支持,宣传渠道单一,活动覆盖面窄,更面临专业人才短缺的困境,且志愿服务活动形式单调、内容贫乏,这些都导致市民参与意愿低迷,常常出现"一场活动,寥寥数人"的尴尬局面。这种地域鸿沟加剧了志愿服务发展的两极分化,使偏远地区居民难以享受志愿服务带来的福利,导致了整体服务效果参差不齐,严重制约了北京志愿服务的全面、协调发展,削弱了其在促进社会公平与和谐方面的作用。

二、志愿服务项目与社区需求对接不精准

1. 项目设计缺乏针对性

北京的志愿服务项目在设计之初,便暴露出对社区需求洞察不足的弊端。在社区服务范畴内,诸多志愿服务组织在策划文化活动时,往往因循守旧,过度依赖传统文艺表演形式,而未充分考量社区居民日益多元且与时俱进的需求结构。现代社会科技飞速发展、健康理念深入人心,居民对智能设备应用、网络安全知识、科学健身方法及营养膳食搭配等现代科技与健康养生领域的知识讲座或技能培训课程有着迫切的渴望。这种供需错位使得文化活动参与度不高,无法有效提升居民的文化素养与生活品质[①]。在教育支持方面,支教项目虽怀有善意且输送了师资力量,但在实际操作中,对受援学校教学特色与学生个体学习水平差异的调研严重缺失。由于地域文化、师资传承及生源结构不同,因此不同偏远地区学校的教学特色各异,学生个体在学习能力、知识基础及兴趣偏好上更是千差万别。然而,支教课程设置与教学方法却常千篇一律,未因材施教、因地制宜。这不仅阻碍了学生知识吸收与能力提升,也造成了教育资源利用低效问题,无法真正助力当地教育事业发展。环保志愿服务亦是如此,在垃圾分类宣传中,忽视社区间硬件设施与居民环保意识基础的悬殊差异,推行统一的宣传方案。老旧社区的基础设施陈旧,垃圾分类投放设施可能不完善,居民长期生活习惯难改且环保意识淡薄;虽然新建社区的基础设施完备,但居民对环保知识深度与广度的需求不同。这种缺乏差异化的宣传策略,导致垃圾分

---

① 孟昭雯,崔勇民,杜长青,等.体育志愿服务工程的现实困境与推进方略研究[J].体育科技文献通报,2024(7):100-104+159.

类工作在不同社区推进的效果参差不齐,资源浪费严重。

2. 项目持续性欠佳

北京志愿服务项目的短期性与一次性特征显著,难以契合社区长期发展需求。以社区关爱儿童活动为例,志愿者仅在节假日进行简单慰问,志愿服务的形式局限于物资捐赠与短暂陪伴,未构建长效辅导陪伴机制。儿童成长是一个持续的过程,其在学业提升、心理发展与社交能力培养等多方面需要长期、稳定的支持。这种临时性活动无法跟踪儿童成长轨迹、解决儿童成长中不断涌现的问题,难以在儿童成长关键期发挥关键作用,致使志愿服务对儿童成长的促进作用微乎其微。同样,在社区文化建设、环境改善等项目中,缺乏连贯性规划。部分社区文化建设项目在举办几场文化展览或演出后便偃旗息鼓,未形成文化传承与创新的持续动力;部分环境改善项目在完成阶段性清洁或绿化后,缺乏后续维护与监督机制,易出现环境问题反弹的现象。这不仅使前期投入的资源付诸东流,还削弱了社区居民对志愿服务的信任与期待,阻碍了社区可持续发展进程,难以形成志愿服务与社区发展相互促进的良性循环。

3. 沟通反馈机制缺失

北京志愿服务项目中,志愿服务组织与社区居民之间缺乏有效的沟通反馈渠道。在项目实施全程,志愿服务组织主动收集居民意见的意识淡薄,多按自身预设方案推进项目,未充分认识到社区居民作为服务对象与参与者的关键地位。在社区文化活动策划项目中,未提前调研居民的兴趣爱好与文化需求偏好;在教育支教项目中,未与学校师生深入交流教学难点与重点;在环保项目中,未了解社区环境治理痛点与居民环保行为习惯。这种闭门造车式的项目运作方式使得项目内容与社区实际需求渐行渐远。同时,社区居民表达需求的途径匮乏。社区缺乏常态化、便捷化的意见征集平台,居民即便有想法也不知向何处反馈。在传统社区治理模式下,居民参与社区事务决策与管理的机会有限,在志愿服务项目中更是处于被动接受的地位。这种信息不对称状况持续恶化,导致了志愿服务组织资源错配、服务失效,居民需求积压、满意度下降等问题,严重制约了志愿服务项目在社区的扎根与发展,破坏了社区志愿服务生态的和谐稳定。

三、志愿者权益保障和激励机制不够完善

1. 权益保障漏洞显著

北京志愿服务在权益保障维度存在诸多亟待填补的缺口。在安全保障方面,部分志愿服务组织对志愿者面临的潜在风险预估严重不足,应急管理体系近乎缺失。在户外环保活动场景中,复杂地形与恶劣天气常对志愿者的人身安全构成直接威胁,例如,在山区垃圾清理行动中,陡峭山路易引发滑倒摔伤,暴雨山洪可能突然爆发,但有些志愿服务组织却未配备专业登山绳索、急救包、卫星通信设备等必要安全器材,亦未制订周全的应急疏散与救援预案。一旦意外降临,志愿者的生命安全便陷入巨大险境,后果不堪设想。在医疗保障环节,同样存在类似问题。当志愿者在服务期间突发伤病时,不少志愿服务组织缺乏明晰的医疗救助流程与坚实保障机制。在部分小型社区志愿服务活动中,志愿服务组织未与周边医疗机构建立有效联系,未明确医疗费用承担细则,志愿者在受伤或生病后常陷入就医无门、费用自担的困境,其健康权益没有得到有效保障[①]。这不仅损害了志愿者的当下利益,还在长远层面浇灭了其参与热情,为北京志愿服务的可持续发展埋下隐患,侵蚀着北京志愿服务的根基。

2. 激励措施匮乏无力

现行北京志愿服务激励机制呈现出单薄与乏力态势。虽然有开展表彰活动,但活动形式单一,仅颁发荣誉证书难以充分回馈志愿者的辛勤付出。志愿者在服务中投入大量时间与精力,如长期参与社区孤寡老人照料项目,却未得到相应物质补偿。交通、餐饮等费用需志愿者自掏腰包,长此以往,其经济压力渐增,经济困境成为参与志愿服务的沉重枷锁,使许多潜在志愿者望而却步,其参与热情在现实的磨砺下逐渐消散。在职业发展与社会认可关键领域,志愿服

---

① 谭建光.中国志愿服务工作体系的发展分析——兼论中国式现代化新征程中青年志愿服务的创新[J].青年探索,2024(2):17-25.

务经历未能深度融入升学、就业等人生重要进程。虽然企业在招聘时对志愿者经历有所关注,但因无标准化评估框架,故其价值难以精准衡量。在升学竞争中,学生志愿者的服务贡献亦未在录取标准中占据应有权重。这使得志愿者的无私奉献在社会主流价值评判体系中近乎隐形,削弱了志愿服务的社会吸引力与人才汇聚力,志愿服务如无舵之舟,在社会发展浪潮中漂泊不定,难以驶向长远发展的彼岸。

3. 成长激励与宣传短板突出

在志愿者成长激励层面,北京志愿服务组织存在明显短板。志愿者满怀提升自我的热望投身服务,却常深陷培训资源匮乏的泥沼。例如,在文化遗产保护项目中,志愿者急需专业的考古知识、文物修复技巧培训,而实际提供的培训内容多为浅尝辄止的理论概述,缺乏实践操作指导与案例深度剖析,无法满足志愿者技能进阶需求。北京志愿服务组织对志愿者的职业发展规划指导不足,志愿者在志愿服务路径上迷茫徘徊,不知如何将志愿服务经历转化为个人成长优势,其服务技能提升受阻,综合素质原地踏步,这严重影响了服务质量持续优化进程,降低了志愿者对组织的依存度与忠诚度,使志愿服务队伍的凝聚力差。同时,权益保障与激励机制宣传工作严重滞后。众多志愿者对自身权益范围及可获取激励茫然无知,组织宣传渠道狭窄,信息传播效率低下,难以有效覆盖目标志愿者群体。无论是线上平台还是线下社区,都未能形成强大的宣传攻势:在线上平台,未充分利用社交媒体、志愿服务专属 App 开展宣传推送;在线下社区,宣传海报的更新缓慢,宣传活动寥寥无几。这无法有效调动志愿者的积极性、激发其创造力,成为制约志愿服务事业发展的瓶颈,阻碍志愿服务事业迈向更高的台阶。

四、志愿服务的专业化和技能培训水平有待提高

1. 专业领域培训深度与广度不足

北京志愿服务在各关键专业领域的培训存在严重缺陷。在医疗健康领域,

普通志愿者所接受的培训浮于表面。急救培训仅止步于基础操作演示,未深挖急救原理(如人体生理应急机制、不同病理状况下的急救策略差异等知识),且对家庭、户外、公共场所等多元场景下的急救方法缺乏针对性讲解与模拟实操。这使得志愿者在紧急救援时,常因知识与经验匮乏而手足无措,无法精准实施救助,极大影响医疗志愿服务效果,甚至可能延误患者救治时机,让受伤者的宝贵生命处于危险边缘。在文化遗产保护领域,培训内容残缺不全,仅聚焦于文物保护法规与基础知识普及,对考古发掘关键技术、文物修复精细工艺等核心技能的培训缺失。志愿者虽知晓保护原则,但在面对文物修复实际任务时,因缺乏专业操作技能而难以参与文化遗产保护的核心工作,导致文化遗产保护志愿服务停留在浅层次的宣传倡导,难以深入文物保护实践前沿,无法真正承担起传承文化遗产的重任,降低了文化遗产保护志愿服务的专业价值,削弱了其社会意义。在环保领域,志愿服务同样深陷困境,对志愿者进行的环境监测、生态修复等专业培训匮乏。志愿者在参与环保领域的项目时,局限于简单宣传与基础清洁,无法涉足复杂的专业环节。例如,在水质监测项目中,很多志愿者不懂化学分析原理与仪器操作规范,难以获取准确的监测数据,无法为环保决策提供有力支撑,使环保志愿服务在推动生态改善进程中的作用大打折扣,难以满足日益增长的环保需求与日益严峻的生态治理挑战。

2. 培训方式与师资问题严峻

北京志愿服务培训在方式与师资层面的弊端尽显。传统以集中授课为主的培训模式,极大束缚了志愿者学习的自主性与灵活性。在现代社会的快节奏生活下,志愿者的时间碎片化,其难以完整地参与集中课程。线上学习资源开发滞后,线下实践指导分散且缺乏系统性整合,未构建多元互补的培训体系。这导致志愿者无法依个人时间与学习节奏制订学习计划,知识吸收与技能掌握效率低下,影响培训效果与志愿服务质量提升。师资问题同样严峻,部分培训教师缺乏实践经验,在教学时以理论讲授为主。在应急救援培训中,若教师未经历过真实的救援场景,仅照本宣科讲解救援流程,那么志愿者便无法理解实际操作难点与应对策略。在文化遗产保护培训里,缺乏实践经验的教师无法传授文物修复的实际操作技巧与应对突发状况的经验,使志愿者在实际服务中无法将理论与实践结合,面对复杂情况无从下手。上述问题会严重阻碍志愿服务专业化进程,降低志愿者的专业能力,损害志愿服务的社会公信力。

3. 培训通用性与衔接性缺失

北京志愿服务培训在不同领域间缺乏通用性与有效衔接机制,引发诸多问题。志愿者在转换志愿服务领域时,需从零开始接受全面培训,例如,当志愿者从社区教育志愿服务转向医疗辅助志愿服务时,其之前学习的教育教学技能无法在新领域发挥作用,必须重新学习医学基础知识、医疗服务规范等大量内容,耗费大量时间和精力。这不仅增加了志愿者负担,还造成了培训资源严重浪费,降低了资源配置效率。由于没有将通用知识与技能模块提炼整合,因此各领域培训各自为政,知识体系孤立。在环保与农业科技志愿服务中,土壤检测技术本可通用,但因培训无衔接,志愿者需重复学习该技术。这种状况限制了志愿者多元发展与综合服务能力的提升,阻碍了志愿服务领域的融合创新,无法满足社会复杂、多元的需求,制约了北京志愿服务广度和深度的拓展,削弱了其在社会综合治理与发展中的协同增效作用,使志愿服务难以形成高效专业的服务网络。

第五节　北京志愿服务中问题的解决策略

一、增强志愿者的参与意愿,改善志愿者的参与条件

1. 拓宽招募渠道,灵活设置活动时间

北京志愿服务要想突破参与瓶颈,首先应革新招募体系。在信息传播方面,应挣脱传统宣传平台的桎梏,深度挖掘多元渠道的传播潜能。一方面,应积极拥抱新媒体平台,在热门社交网络(如抖音、微博、小红书等)中开设官方账号,发布形式多样、生动鲜活的志愿服务短视频与图文资讯,将其精准推送至不

同群体。例如:针对上班族,可在领英、脉脉等职场平台推广弹性时间志愿服务项目;针对学生群体,可借助校园表白墙、学习类 App 等宣传招募信息[1]。另一方面,应加强与企业、学校、社会组织的合作,构建内部招募网络。企业可在内部通信软件、公告栏发布公益活动,鼓励员工组队参与;学校可将志愿服务纳入综合素质培养体系,引导学生社团联合开展项目招募活动。

活动时间安排亦须灵动调适。可借助大数据分析志愿者的空闲时段,精准规划活动日程。针对上班族,可开展"周末志愿时光"与"夜间公益行动"等活动,如在城市公园组织夜间环保巡查,利用周末开展社区孤寡老人关怀活动;针对学生,可开展"假期志愿嘉年华"与"课余公益微行动"等活动,如在寒暑假安排博物馆讲解、乡村支教等项目,在课余时间组织校园周边环境美化活动。通过优化时间布局,可以激发志愿者的潜在参与热情,扩大志愿者队伍规模,提升志愿服务人力储备厚度。

2. 创新宣传方式,多样化活动内容

创新宣传方式是点燃北京志愿服务热情的关键火种。可创作富有感染力的志愿服务故事集(如内容可涵盖奥运志愿服务的精彩瞬间、社区暖心帮扶事迹等),并以微电影、有声书、漫画等形式在网络与线下文化场所传播,以引发公众强烈共鸣。可举办"志愿之星"评选活动,联合媒体进行深度报道,树立榜样形象,提升志愿服务的社会知名度与美誉度。同时,也可运用虚拟现实、增强现实技术开展沉浸式志愿服务体验活动,让公众足不出户就可领略志愿服务的魅力,增强公众的参与意愿[2]。

活动内容创新需紧扣时代脉搏与社会需求。在文化教育方面,可融合科技元素,开展"数字文化传承"项目,借助 3D 建模、线上展览技术助力文物保护与文化传播,如举办"编程启蒙公益课堂"活动,为青少年开启科技之窗。在环保服务方面,可创设"生态修复工作坊",邀请专家指导志愿者参与湿地、山林生态

---

[1] 李秀芹,李昕萌.职业青年志愿服务的调研和分析——以北京职业青年志愿服务为例[J].领导科学论坛,2024(3):72-76.
[2] 2024 年北京科技科普志愿服务周启动[J].现代企业文化,2024(7):160.

修复实践;组织"绿色生活创意挑战赛",鼓励公众设计环保生活方案。丰富多元、新颖别致的活动设计能激发志愿者的兴趣与创造力,吸引不同背景的人群投身于志愿服务,从而为北京志愿服务注入创新活力与持久动力。

3. 均衡发展格局,缩小地域差异

要想改善北京志愿服务地域失衡现状,需强化资源统筹调配与区域协作联动。在资源分配上,加大对偏远城区及城乡接合部的扶持力度,设立专项志愿服务发展基金,将其用于基础设施建设、培训资源引进、项目孵化培育。在偏远地区,建设多功能志愿服务活动中心,配备先进的设备与网络设施,为志愿服务的开展筑牢硬件根基;引入专业培训师资团队,定期开展高质量培训课程,提升志愿者的专业素养。

推动中心城区与偏远地区结对帮扶,建立两者的长期合作机制。中心城区可派遣成熟志愿服务组织中的骨干志愿者赴偏远地区交流指导,协助偏远地区的志愿服务组织培育本土志愿服务团队,并向其传授项目策划、组织管理、资源整合经验;偏远地区可为中心城区志愿者提供乡村支教、生态保护等特色实践平台。两者实现优势互补、协同共进。例如,组织中心城区志愿者到山区学校支教,同时安排偏远地区志愿者到中心城区学习社区服务的先进理念。此外,还可借助互联网平台搭建志愿服务资源共享平台,打破地域限制,促进项目、培训资源、志愿者人才跨区域流动,均衡北京志愿服务的发展格局,缩小地域差异。

二、实施志愿服务的全周期管理方案

1. 调研社区需求,定制服务项目

北京志愿服务作为连接政府与市民、促进社区和谐发展的重要力量,其项目设计的精准性至关重要。为解决志愿服务项目与社区需求对接不精准的问题,首先必须从源头抓起,深入调研社区的实际需求。这要求志愿服务组织不仅要定期走访社区,与居民面对面交流,了解他们的真实想法和迫切需求,还要充分利用现代信息技术手段,如问卷调查、大数据分析等,精准捕捉社区发展的薄弱环节和居民生活的痛点[①]。基于调研结果,志愿服务组织应因地制宜、因人而异,定制出符合社区特色的服务项目。例如,对于老龄化严重的社区,可以推出老年陪伴、健康咨询等志愿服务;对于儿童较多的社区,可以开展亲子阅读、趣味运动会等活动。这种量身定制的服务项目不仅能有效提升志愿服务的针对性和实效性,还能更好地满足社区居民的多元化需求,增强他们的获得感和幸福感。

2. 评估项目效果,确保项目持续运营

志愿服务项目的持续性是衡量其成功与否的重要标准。在北京,由于志愿服务资源有限,因此如何确保每一个项目都能持续、稳定地运营下去,成为一个亟待解决的问题。为此,志愿服务组织必须建立起一套科学、合理的项目评估机制,定期对项目的实施效果进行客观、全面的评估。评估内容应包括项目的受益人群、活动频次、服务质量、居民满意度等多个方面。通过评估,不仅可以及时发现项目运营中存在的问题和不足,还可以为项目的后续改进和优化提供有力的数据支持。同时,志愿服务组织还应根据评估结果,对表现优秀的项目给予表彰和奖励,及时调整或终止效果不佳的项目,以确保志愿服务资源的合理配置和有效利用。在确保项目持续运营的过程中,志愿服务组织还应注重与社区、政府、企业等多方面的合作与交流,通过搭建合作平台、共享资源信息,形成合力,推动志愿服务项目的健康发展。此外,志愿服务组织还应积极探索和创新项目运营模式,如引入社会资本、建立志愿服务基金等,为项目的持续运营提供稳定的资金保障。

3. 建立反馈渠道,优化项目设计

志愿服务项目的设计是一个不断完善和优化的过程。在北京,由于社区居民的需求和期望在不断变化,因此志愿服务组织必须建立起一套有效的反馈机制,及时收集和处理社区居民对志愿服务项目的意见和建议。为此,志愿服务组织可以设立专门的反馈渠道,如热线电话、电子邮箱、微信公众号等,方便社

---

① 李树旺,梁媛,李京律,等.大型体育赛事志愿者持续参与意愿的影响路径——基于北京冬奥会志愿者的实证调查[J].上海体育学院学报,2023,47(8):33-43.

区居民随时随地向组织反映问题、提出建议[1]。同时,志愿服务组织还应定期对反馈信息进行汇总和分析,找出问题的根源,以为项目的后续改进提供有力的依据。在优化项目设计的过程中,志愿服务组织不仅要注重项目的创新性和实用性,还要充分考虑社区居民的参与度和满意度。志愿服务组织可以通过让居民参与项目设计、开展志愿服务体验活动等方式,调动社区居民的积极性和创造性,让志愿服务项目更加契合居民的生活方式。同时,志愿服务组织还应加强项目宣传和推广力度,提高项目的知名度和影响力,吸引更多的社区居民参与到志愿服务中来。

三、完善权益保障机制,丰富激励手段

1. 完善法规制度,保障志愿者权益

北京应加快完善志愿服务的相关法规制度,构建全方位的权益保障网络。首先,应在现有法规的基础上,进一步细化志愿者在服务过程中的安全保障条款,明确规定志愿服务组织在开展各类活动前,必须对活动场地、环境进行全面的风险评估,并制订相应的安全预案。例如,对于户外环保活动,组织方应提前勘察地形、了解天气变化趋势,为志愿者配备专业的安全防护设备,如防滑鞋、安全帽、急救包等,并确保志愿者掌握设备的正确使用方法。其次,应建立健全医疗救助保障机制,要求组织方与周边医疗机构建立紧密的合作关系,确保志愿者在受伤或突发疾病时能迅速得到救治。最后,应制订医疗费用报销细则,明确在不同情况下医疗费用的承担主体,避免志愿者因经济顾虑而影响服务积极性。

此外,还应完善志愿者权益申诉和纠纷解决机制。应设立专门的志愿服务权益仲裁机构或调解委员会,这些组织由法律专家、志愿者代表和相关部门人员组成。当志愿者与组织方或服务对象发生权益纠纷时,这些组织能够及时介入,公正、公平地进行调解和仲裁,确保志愿者的合法权益得到有效维护。应通

---

[1] 柳婷.从北京市西城区文化志愿者服务分中心寻文化志愿者服务创新之路[J].文化产业,2023(20):28-30.

过严谨的法规制度建设,为北京志愿服务营造安全、公正的环境,让志愿者无后顾之忧,全身心投入服务。

2. 设立专项奖励基金,加大激励力度

设立专项奖励基金是加大北京志愿服务激励力度的有力举措。这类基金需拓展多元化资金来源,可将政府财政拨款作为引导资金,同时鼓励企业、社会组织和个人捐款。基金规模应根据北京志愿服务的发展需求和经济实力逐步扩大。奖励设置应涵盖多个层面,除颁发传统的荣誉证书外,还应设立物质奖励(如志愿服务津贴),根据志愿者的服务时长、难度和贡献给予相应补贴,用于补偿志愿者在交通、餐饮等方面的支出,减轻其经济负担。

同时,应设立优秀志愿者奖学金和职业发展扶持金。例如,对于求职志愿者,可提供定制化技能培训并给予补贴,再向企业定向推荐,帮助其提升职业竞争力。也可开展年度"志愿服务之星"评选活动,获奖者不仅能获得丰厚奖金,还能获得参与国际交流、高端培训等机会,提升其社会知名度和影响力[①]。通过专项奖励基金的有效运作,可充分调动志愿者的积极性和创造性,吸引更多优秀人才投身于志愿服务,推动北京志愿服务事业蓬勃发展。

3. 搭建成长平台,助力志愿者快速成长

搭建完善的志愿者成长平台是强化北京志愿服务宣传效应和提升北京志愿服务质量的关键。在线上方面,打造功能强大的志愿服务学习平台,整合各类优质培训资源(包括专业技能学习课程、沟通技巧培训课程等),采用视频教学、在线互动、模拟演练等多种形式,满足志愿者个性化学习需求,方便其随时随地提升能力。例如,医疗志愿者能在线上学习最新的急救知识和医疗技术,文化遗产保护志愿者能在线上深入了解文物修复工艺和文化传承要点。在线下方面,定期组织志愿服务经验交流研讨会和专业技能工作坊,邀请行业专家、资深志愿者分享经验和传授技巧。建立志愿者成长档案和职业发展规划指导体系,记录志愿者的服务经历和成长轨迹,为其提供个性化的职业发展建议,帮

---

① 黄陈辉,石翠维,张钰,等.后冬奥时代大学生参与志愿服务动机研究[J].新生代,2023(4):39-43.

助志愿者将志愿服务经历转化为个人优势,提升其综合素质。同时,利用媒体平台广泛宣传志愿者成长故事和优秀案例,展示志愿服务的价值和意义,从而吸引社会关注志愿服务,形成良好的志愿服务社会氛围,促进北京志愿服务持续健康发展。

四、深化专业培训

1. 拓展培训内容,提升培训的深度和广度

在北京这座国际化大都市中,志愿服务活动日益丰富多样,人们对志愿者的专业技能和服务水平提出了更高的要求。为了应对这一挑战,北京志愿服务组织应紧跟时代步伐,不断拓展培训内容,提升培训的深度和广度。针对不同类型的志愿服务项目,如社区治理、环境保护、文化传承等志愿服务项目,北京志愿服务组织应设计具有针对性的培训课程,使其涵盖理论知识、实践技能、法律法规等多个方面。同时,培训内容应注重与时俱进,及时加入最新的政策导向、技术动态和成功案例等内容,确保志愿者能够掌握最前沿的知识和技能。北京是一个教育资源丰富的城市,志愿服务组织可以充分利用高校、科研机构、社会团体等资源,邀请专家学者、行业领袖等担任培训师,提升培训的权威性和专业性。并且,志愿服务组织可以通过举办讲座、研讨会、工作坊等形式多样的培训活动,为志愿者提供一个学习交流、提升自我的平台。

2. 优化培训方式,强化师资力量

在深化专业培训的过程中,优化培训方式和强化师资力量都至关重要。传统的培训方式往往以讲授为主,缺乏互动性和实践性,难以激发志愿者的学习兴趣和积极性。因此,北京志愿服务组织应积极探索创新培训方式,以增强培训的趣味性和实效性。同时,师资力量的强弱直接影响培训效果的好坏[1]。北京志愿服务组织应重视师资力量的培养和引进,建立一支高素质、专业化的培

---

[1] 任科.五育并举视域下高校志愿服务的目标追求与实践进路[J].太原城市职业技术学院学报,2023(7):26-30.

训师资队伍。一方面,可以通过内部选拔、外部招聘等方式,选拔具有丰富实践经验和良好教学能力的志愿者担任培训师;另一方面,可以加强与高校、科研机构的合作,邀请专家学者担任客座培训师,为志愿者提供专业的指导和支持。此外,北京志愿服务组织还应加强对培训师的培训和考核,不断提升他们的教学能力和专业素养。可以通过定期组织教学研讨会、教学观摩等活动,促进培训师之间的交流和学习,推动培训质量的提升。

3. 加强培训衔接,提升志愿者的通用能力

在深化专业培训时,加强培训衔接、提升志愿者的通用能力也是不可忽视的一环。志愿服务活动往往涉及多个领域和多个方面,志愿者需要具备跨领域、跨文化的通用能力才能更好地胜任工作。因此,北京志愿服务组织应注重培训内容的衔接和整合,打破不同领域、不同项目之间的壁垒,构建系统化的培训体系。可以通过组织跨领域、跨文化的培训活动,帮助志愿者拓宽视野、提升综合素质。同时,北京志愿服务组织应加强对志愿者通用能力(如沟通能力、团队协作能力、问题解决能力等)的培养,这些能力对于志愿者在志愿服务中发挥作用至关重要。此外,北京志愿服务组织还应建立培训成果的评估机制,对志愿者的培训效果进行客观、全面的评估。

第三章
北京应急管理现状与发展分析

"一案三制"是中国应急管理体系的核心理念,包括突发事件应急预案以及应急管理体制、机制和法制。突发事件应急预案是应对突发事件的行动指南,确保各级政府和部门能够快速、有效地响应突发事件。应急管理体制构建了统一指挥、专常兼备、反应灵敏、上下联动的组织结构。应急管理机制涵盖了预防、准备、响应和恢复的全过程,确保各环节协同高效。应急管理法制则为应急管理工作提供法律保障,确保其有法可依、有章可循。"一案三制"相互支撑,形成了一个完整的应急管理框架,旨在提升国家应对突发事件的能力,保障人民生命财产安全和社会稳定。北京市在应急管理方面,以"一案三制"为核心,已初步建立起具有首都特色的应急管理体系。

第一节 突发事件应急预案

一、预案体系架构

北京已经形成了以市总体预案为核心,以市专项预案、部门预案和区级预案为依托,以各类单位预案为基础的预案体系。

1. 市总体预案

北京市突发事件应急预案体系中的市总体预案是全市应急预案体系的总纲,它遵循依法规范、统筹兼顾、分类管理、分级负责、动态管理的原则,旨在构建统一指挥、反应灵敏、协调有序、运转高效的应急管理机制[①]。其中的依法规范强调依法行政和科学决策,确保预案的合法性和实用性;统筹兼顾要求综合考虑各类突发事件,实现资源的合理配置和优化利用;分类管理与分级负责明确不同类型和级别突发事件的应对责任,确保各级政府和相关部门根据预案要求,履行相应的应急管理职责;动态管理强调预案的适应性和灵活性,要求随着外部环境和内部条件的变化,及时对预案进行修订和完善。

市总体预案的目标是提高北京市应对各类突发事件的能力,减小突发事件对人民生命财产安全、社会稳定和经济发展的影响。它通过明确突发事件的分类分级、组织指挥体系、预防预警机制、应急响应措施、资源保障和后期处置等内容,为突发事件的应对提供了全面的指导和规范。

在结构上,市总体预案通常包括总则、组织体系与职责、运行机制、应急保障、预案管理等部分。总则部分明确了市总体预案的编制目的、依据和适用范围;组织体系与职责部分详细描述了应急管理的领导机构、工作机构和专项指挥机构的设置及其职责;运行机制部分涵盖了突发事件的监测预警、信息报告、应急响应、应急处置和救援等流程;应急保障部分包括人力资源、财力资源、物资装备、医疗卫生、交通运输等方面的保障措施;预案管理部分涉及预案的制订、审批、发布、备案、修订、培训和演练等内容。

市总体预案作为城市应急管理体系的核心文件,其内容覆盖了自然灾害、事故灾难、公共卫生事件和社会安全事件等四大类突发事件的应对措施。该预案在突发事件应对中扮演着至关重要的角色,其具体作用体现在多个方面。

市总体预案为各级政府和相关部门提供了应对突发事件的指导和规范,确保了应对工作的有序进行。其通过明确各级政府和相关部门的职责分工,完善了应急管理的组织架构,使得各级政府和相关部门在突发事件发生时,能够迅

---

① 孙福胜.我国突发事件应急预案体系的形成与发展[J].湖南安全与防灾,2023(6):50-52.

第三章 北京应急管理现状与发展分析

速启动相应的应急程序,有序调动各方力量。

市总体预案通过建立明确的组织指挥体系,可实现突发事件应对的统一指挥和协调,从而提高应对效率。这一体系确保各级政府和相关部门在突发事件发生时,能够迅速集结必要的人力、物力和财力,形成合力,有效应对突发事件。

市总体预案中的监测预警和信息报告机制能够实现对突发事件的快速响应。通过建立健全的监测网络和预警系统,该预案确保各级政府和相关部门能够及时发现潜在风险,提前发布预警信息,为采取预防和应对措施争取宝贵时间。此外,市总体预案通过风险评估和应急决策程序,能够为突发事件的科学决策提供支持。该预案中的风险评估机制能够帮助决策者准确判断突发事件的性质及其可能造成的影响,从而帮助决策者制订科学合理的应对策略。

市总体预案中的应急保障措施可实现应急资源的优化配置和高效利用。该预案详细规定了人力资源、财力资源、物资装备、医疗卫生、交通运输等方面的保障措施,确保各级政府和相关部门在突发事件发生时,能够迅速调配所需资源,从而保障应急响应的顺利进行。通过应急响应和处置措施,市总体预案能最大限度地减少突发事件造成的损失[①]。该预案详细列出了各类突发事件的应对措施,包括疏散撤离、现场控制、紧急救援等,这些措施有助于在突发事件发生时迅速控制局面,减少人员伤亡和财产损失。

2. 市专项预案

北京市突发事件应急预案体系中的市专项预案是针对特定类型或领域突发事件制订的详细应对计划,其在市总体预案的指导下,对各类突发事件的应对措施和操作流程进行了具体化。市专项预案的编制原则包括针对性、实用性、可操作性和灵活性,以确保预案能够针对特定事件提供明确、实用的应对策略,并在实际操作中易于执行和调整。

市专项预案的主要目标是提高对特定类型突发事件的快速反应和有效处置能力,减小突发事件对人民生命财产和经济社会发展的影响。市专项预案通

[①] 杨健.我国突发公共卫生事件应急预案体系的发展、现状与完善[J].中国卫生法制,2023,31(3):95-99.

过明确各类突发事件的应对流程和措施,为相关部门和单位提供了清晰的行动指南。

在结构上,市专项预案通常包括以下几个部分:总则、组织指挥体系、风险评估与监测预警、应急响应与处置、资源保障、信息发布与舆论引导、恢复与重建、培训与演练、附则等。总则部分明确市专项预案的编制目的、适用范围和工作原则;组织指挥体系部分详细描述指挥机构的构成和职责;风险评估与监测预警部分包括对特定风险的评估方法和预警机制;应急响应与处置部分详细列出不同级别和类型的应急响应措施;资源保障部分涉及人力资源、物资装备、资金等方面的保障措施;信息发布与舆论引导部分规定信息发布的原则和程序;恢复与重建部分涉及事件后的恢复和重建工作;培训与演练部分强调预案培训和演练的重要性;附则部分包括预案的修订、解释和实施等内容。

市专项预案的内容涵盖了自然灾害、事故灾难、公共卫生事件和社会安全事件等四大类突发事件的应对措施①。在突发事件应对中,市专项预案的具体作用体现在以下几个方面。一是为特定类型的突发事件提供有针对性的应对策略和措施,确保应对工作的专业性和有效性。二是通过明确组织指挥体系,确保各相关部门和单位在突发事件发生时能够迅速明确职责,协同作战。三是通过建立风险评估与监测预警机制,实现对特定风险的早期识别和预警,为采取预防措施提供依据。四是为突发事件后的恢复和重建工作提供指导,促进社会秩序和人民生活尽快恢复。五是通过培训与演练,提高相关部门和单位的应急处置能力,确保预案的有效实施。

3. 部门预案

北京市突发事件应急预案体系中的部门预案是针对特定行业或领域内可能发生的突发事件,由各相关部门根据市总体预案和市专项预案的要求,结合本部门的职责和实际情况制订的专项应急预案。部门预案的编制原则包括合法性、科学性、实用性、可操作性和灵活性,以确保预案既符合法律法规,又能够

---

① 范世雄,张佳懿,钮胤泽,等.突发事件快速应急救援系统的设计研究[J].软件,2023,44(2):32-36.

针对特定行业的特点提供科学、实用的应对措施。

部门预案的主要目标是确保在突发事件发生时，相关部门能够迅速、有效地采取行动，减小事件对公众安全、社会秩序和经济发展的影响，通过明确职责、规范流程、整合资源，为突发事件的应对提供清晰的操作指南。

北京市应急管理体系中的部门预案是构建"全灾种、大应急"格局的核心支撑，是由市政府各职能部门依据法律法规和市总体预案的要求，结合行业领域风险特征制订的专项应急行动方案。这类预案以北京市应急管理局为统筹协调主体，涵盖公安、消防、卫健、交通、水务、住建、生态环境、城管执法等40余个市级部门，形成了横向到边、纵向到底的专业化应急响应网络。在体系架构上，部门预案遵循"风险评估—能力建设—处置流程—恢复重建"的闭环逻辑，针对自然灾害、事故灾难、公共卫生事件、社会安全事件等四大类突发事件，细化明确了监测预警、信息报告、先期处置、指挥协调、资源调配、社会动员、舆情引导等全链条标准化操作规程。例如：北京市卫生健康委员会牵头制订的《北京市突发公共卫生事件总体应急预案》构建了"市-区-机构"三级防控网络[1]，该预案涵盖传染病监测、医疗救治、物资储备、疫苗接种、实验室检测等12个专项子预案，并与海关、民航、铁路等部门建立联防联控机制，形成了"境外-京外-社区"三道防控屏障；北京市交通委员会制订的《北京市雪雾低温天气应急预案》则整合了公交、地铁、出租、共享单车等多元运力，建立了"地铁延时运营＋公交加密班次＋出租车保点运输＋共享单车定点投放"的立体化应急运输模式，配套开发了交通应急指挥调度系统，实现了路况实时监测、信号灯联动控制、公交专用道动态启用等功能。在实施层面，各部门预案强化"平急两用"机制建设。例如：北京市消防救援总队将日常防火监督与应急救援预案深度融合，建立重点单位数字化预案库，通过三维建模和物联网技术实现建筑结构、消防设施、人员分布等信息的动态管理；北京市水务局在防汛预案中创新应用"流域＋区域"双网格管理模式，结合气象雷达、雨量站、河道监测等数据构建洪涝灾害推演模型，实

---

[1] 张江石,潘雨,李泳曤,等.地方性突发事件应急预案体系评估研究——以北京市为例[J].中国应急管理科学,2023(3):28-38.

现分钟级预报预警和精准调度。值得关注的是,部门预案特别注重跨部门协同机制设计,通过签订应急联动协议、开展联合演练、共建应急基地等方式打破行政壁垒。例如:北京市应急管理局与北京市通信管理局建立应急通信保障联动机制,确保在重大突发事件中实现公网瘫痪后的卫星通信、自组网、无人机基站等备用系统30分钟内启用;北京市生态环境局与北京市公安局公安交通管理局建立危化品运输车辆联合监管平台,整合GPS轨迹、电子运单、道路卡口等数据,形成从装载到卸载的全流程闭环监控。近年来,随着智慧城市建设的推进,部门预案正加速向数字化、智能化转型。例如:北京市气象局开发的"北京睿图"数值预报系统将空间分辨率提升至1千米,时间分辨率缩短至10分钟,为各部门精准启动预案提供科学支撑;北京市城市管理委员会建设的城市生命线安全运行监测系统已接入燃气、供热、电力等12类基础设施的2.8万个传感器,实现了风险自动预警和预案智能匹配。这种基于大数据的预案动态优化机制使北京市的应急管理能力逐步从经验决策向数据驱动转变,为超大城市安全运行构建起坚实的制度保障和技术防线。

部门预案的内容涵盖了本部门职责范围内可能发生的各类突发事件的应对措施。在突发事件应对中,部门预案的具体作用体现在以下几个方面。一是明确相关部门的职责分工,确保在突发事件发生时,各部门能够迅速响应并采取有效措施。二是针对特定行业的特点,制订符合行业实际的应对措施,提高突发事件应对工作的针对性和有效性。三是通过实施资源保障部分的措施,确保在突发事件发生时,各部门能够迅速调配所需的人力、物力和财力资源。四是通过应急响应与处置部分的详细措施,确保各相关部门和单位在突发事件发生时,能够迅速启动应急响应机制,有效控制和减小事件影响。五是依据信息发布与舆论引导部分的规定,确保主责部门在突发事件发生时,能够及时、准确地发布信息,引导公众舆论,维护社会稳定。

4. 区级预案

区级预案是突发事件应急预案体系的重要组成部分。区级预案的编制以"人民至上、生命至上"为根本原则,坚持党委领导、统分结合、分级负责、区级为主、区域协同、联防联控、依法规范、科技支撑的原则。这些原则确保区级预案能够全面、系统地指导突发事件的预防和处置工作,最大限度地减小突发事件的危害。

区级预案编制的主要目标是建立健全突发事件应对工作体制机制,成立突发事件应急管理领导机构、工作机构和专项指挥机构,确保各区应急管理相关部门能够及时、有效地应对各类突发事件。

区级预案的结构通常包括总则、组织体系、监测预警、应急保障、宣教培训与演练、预案管理等部分。在内容上,区级预案侧重于明确突发事件的预警信息传播渠道和响应措施、任务分工、处置措施、信息收集报告、现场管理、人员疏散与安置等。这些内容确保区级预案在实际操作中具有指导性和可操作性[①]。

在突发事件应对中,区级预案发挥着至关重要的作用。它们为突发事件的预警、应急响应、资源调配、信息报告和现场管理提供明确的指导和操作流程。通过实施区级预案,可以迅速控制危险源,标明危险区域,封锁危险场所,实行交通管制,限制人员流动,确保紧急情况下抢险救援车辆的优先安排、优先调度、优先放行。此外,区级预案还涉及抢修受损公共设施,禁止或限制使用有关设备、设施,关闭或限制使用有关场所,启用储备的应急救援物资,组织公民、法人和社会组织参与应急救援和处置工作等措施。这些措施有助于减少人员伤亡和经济损失,维护社会秩序和市场秩序,提高突发事件应对的科学化、专业化、智能化、精细化水平。

5. 各类单位预案

北京市突发事件应急预案体系中的各类单位预案是指在市总体预案、市专项预案、部门预案和区级预案的框架下,由机关、团体、企事业单位、社区和其他组织根据自身特点和实际需要制订的应急预案。各类单位预案的编制原则包括针对性、实用性、可操作性、灵活性和参与性,以确保预案能够针对单位的具体情况提供实用、可执行的应对措施。

各类单位预案的主要目标是提高单位内部对突发事件的快速反应和处置

---

① 武晓雯.《突发事件应对管理法(草案)》的问题与建议——基于三重视角的分析[J].中国应急管理科学,2022(5):77-86.

能力,保护人员安全,减少财产损失,维护单位的正常运行和社会稳定。各类单位预案通过明确应急职责、规范应急流程、整合应急资源,为单位内部的突发事件应对提供了清晰的操作指南。

在结构上,单位预案通常包括:总则,明确编制目的与适用范围;组织体系,确立应急指挥机构及职责分工;风险评估,针对单位特性开展危险源辨识与脆弱性分析;应急响应,规定分级响应机制及处置流程;保障措施,涵盖通信、物资、技术等支持系统;培训演练计划,强化人员应急能力建设;附则,包含预案管理要求及修订条件。同时各单位结合企业、学校、医院、商超等不同单位的类型及特点,差异化设计疏散路线、关键岗位 AB 角配置、重要设施防护等专项条款,形成"一单位一预案"的精细化格局,并通过定期评估更新机制,确保单位预案与实际风险状况动态适配,构筑起"横向到边、纵向到底"的基层应急准备网络。

单位预案的内容涵盖单位可能面临的各类突发事件的应对措施,如火灾、地震、恐怖袭击、疫情等。在突发事件应对中,其具体作用体现在:为各类突发事件提供标准化处置流程,明确事前预警监测、事中应急响应、事后恢复重建的全周期管理框架;通过细化指挥体系、职责分工和通信联络机制,确保应急决策高效传达与执行;整合单位内部人力、物资、技术等资源,实现快速调配与协同作战,同时建立与市专项预案、部门预案的纵向衔接及周边单位、社区的横向联动,构建区域联防联控网络;依托预案中的风险评估成果,有针对性地制订疏散避险、隔离管控、医疗救护等专项措施,最大限度地减少人员伤亡与财产损失;通过定期培训演练与预案修订,持续强化全员应急能力,使预案成为兼具法定效力与实战价值的单位应急管理核心制度。

总体来看,北京市突发事件应急预案体系的总体架构由市总体预案、市专项预案、部门预案、区级预案以及各类单位预案 5 个层级构成,它们之间相互联系、相互支撑,形成了一个有机整体。市总体预案作为整个预案体系的核心,为全市的应急管理工作提供了基本规范和总体要求,它涵盖了应急管理的各个方面,包括组织指挥体系、风险评估、监测预警、应急响应、资源保障、信息发布、恢复重建等,并明确了市、区、街道(乡镇)以及相关单位在应急管理中的职责和任务。市专项预案则针对特定类型或领域的突发事件,如自然灾害、事故灾难、公共卫生事件和社会安全事件等,提供更为具体的应对措施和操作流程。市专项预案在市总体预案的指导下,由市级相关部门负责制订和实施,细化了市总体预案中的原则和要求,使之更加符合特定事件的特点和需求。部门预案是由市级各相关部门根据自身职责和市专项预案的要求,针对本部门或本行业可能面临的突发事件制订的预案。部门预案进一步细化了市专项预案的内容,明确了部门内部的应急职责、响应流程和资源配置,确保在突发事件发生时,相关部门能够迅速、有效地采取行动。区级预案建立在市总体预案和市专项预案的基础上,由各区人民政府制订,用于指导本行政区域内的应急管理工作。区级预案结合本区的实际情况,明确了区级政府和相关部门的应急职责,以及与市总体预案和市专项预案的衔接机制,确保在突发事件发生时,能够与市总体预案和市专项预案形成有效联动。各类单位预案是整个预案体系的基础,由机关、团体、企事业单位、社区等基层单位根据市总体预案、市专项预案、部门预案和区级预案的要求,结合本单位的实际情况制订[①]。各类单位预案涵盖了单位内部可能发生的各类突发事件,明确了单位内部的应急组织、响应措施、资源保障等,确保在突发事件发生时,单位能够迅速启动应急响应,保护人员安全,减少损失。在这5个层级中,市总体预案为其他4个层级的预案提供了指导和框架;市专项预案将市总体预案的原则具体化,为部门预案提供依据;部门预案和区级预案进一步细化了市专项预案的内容,使之更加符合本部门或本区域的实际情况;而各类单位预案则是整个体系的执行端,它们将上级预案的要求落实到具体的操作层面上。

通过这种层级分明、相互衔接的预案体系,北京市能够实现对突发事件的全面覆盖和有效应对,提高应急管理的科学性、系统性和实效性。

---

① 张琪,李乐明.城市区级应急信息平台研究与实现[J].计算机与现代化,2011(8):107-109＋113.

二、预案管理体系

根据《北京市突发事件应急预案管理办法》,在突发事件应急预案方面,北京市已建立了完善的预案管理体系,该体系涵盖规划、编制、审批、发布、备案、培训、宣传、实施、演练、评估、修订、管理、更新、废止等环节,确保预案的针对性和实用性。

1. 规划

在北京市突发事件应急预案的规划阶段,多个核心部门与机构协同作战,共同构建起科学合理且贴合北京实际需求的预案规划架构。

北京市应急管理局无疑是主导力量,承担着统筹协调各方资源、确定规划方向与重点的关键职责。其凭借对全市应急管理宏观态势的精准把控,深入分析北京的地理环境、人口密度与分布、产业布局以及历史突发事件数据等要素,勾勒出预案规划的总体蓝图。例如,充分考虑北京作为国际化大都市在交通枢纽运行、大型活动举办等方面面临的特殊风险,并将其纳入规划范畴,确保预案规划的全面性与前瞻性[1]。

各专项领域主管部门紧密配合,积极发挥各自的专业优势。在公共卫生突发事件预案规划中,北京市卫生健康委员会依托专业医疗团队与疾病防控专家资源,对可能发生的传染病疫情、突发公共卫生事件风险进行系统评估与分析,梳理出不同类型传染病疫情和突发公共卫生事件的传播路径、危害范围及应对关键节点,为预案规划提供专业的医学与卫生学支撑。北京市地震局则聚焦地震灾害风险,运用先进的地震监测技术与地质勘查数据,精准划定地震高风险区域,详细分析不同震级可能对城市基础设施、居民生活造成的影响,为地震应急预案规划奠定坚实基础。北京市气象局通过长期气象观测与气候模型分析,

---

[1] 北京市人民政府办公厅. 北京市人民政府办公厅关于印发《北京市突发事件应急预案管理办法》的通知[EB/OL].(2024-12-10)[2025-01-17]. https://www.beijing.gov.cn/zhengce/gfxwj/sj/202412/t20241210_3961976.html.

预测极端气象灾害发生概率与影响范围,为应对暴雨洪涝、暴雪冰冻、大风沙尘等气象灾害的预案规划提供关键气象数据支持。

在协作机制方面,建立高效的多部门联动平台。定期召开联席会议,各部门在会议上深度交流各自领域风险评估成果、应对策略思路及资源需求状况,共同研讨跨领域突发事件的综合应对方案。例如,在应对城市内涝与地震次生灾害复合风险时,北京市水务局、北京市地震局、北京市住房和城乡建设委员会等部门通过联席会议,协同制订涵盖排水系统应急保障、地震受损建筑物安全评估与应急处置、居民疏散安置等多环节的综合应对预案框架。同时,构建信息化共享系统,打破部门间的信息壁垒,实现气象灾害预警信息、地质灾害隐患点数据、公共卫生监测数据等关键信息实时共享,确保各部门在预案规划过程中能及时获取全面准确的信息,提升规划的科学性与协同性。

2. 编制与审批

在编制环节,遵循严谨规范的流程,充分汇聚各方智慧与力量。在总体框架层面,北京市应急管理局联合应急管理领域的资深专家团队,依据国家相关法律法规、政策导向及北京城市应急管理战略目标,制订统一的预案编制框架模板,明确预案的基本结构、核心要素与逻辑脉络,确保各级各类预案在形式与内容上具备一致性与连贯性。

各专项部门与基层单位在此基础上,结合自身业务特点与实际风险状况开展编制工作。例如:在火灾事故应急预案编制中,消防部门详细梳理辖区内建筑物类型、消防设施分布、消防通道布局以及火灾高发区域等信息,有针对性地制订火灾报警响应流程、消防力量调配方案、灭火救援战术策略及现场指挥协调机制等;社区则充分发挥基层贴近群众的优势,组织社区工作人员、志愿者及居民代表参与编制,重点关注社区居民疏散路线规划、弱势群体特殊救援保障、邻里互助机制等贴近社区生活实际的内容,使预案具备坚实的群众基础与实操性[1]。

---

[1] 王耀,张晓昊,张玉娟.首部省级突发事件应急指挥与处置工作规范——《北京市突发事件应急指挥与处置管理办法》解读[J].城市与减灾,2020(1):22-26.

在审批环节,严格把关,构建多层级、多维度审批体系。部门内部首先进行专业技术审核,即由部门内的业务骨干与技术专家对预案的科学性、可行性进行全面审查。例如,北京市生态环境局在审批危险化学品泄漏应急预案时,组织化工安全、环境监测、应急处置等多领域专家,对化学品泄漏可能引发的环境污染的扩散模型、应急监测方案的科学性、污染处置技术的有效性等进行深入论证与评估,确保预案在技术层面无漏洞。法制部门同步进行合法性审查,依据法律法规对预案编制的依据、程序、内容合规性进行细致审核,保障预案在法律框架内运行。

部门内部在完成预案审批后,将预案提交至北京市应急管理局进行综合审批。北京市应急管理局组织跨部门联合评审团队,重点审查部门间协同联动机制的合理性、资源共享与调配方案的有效性及与市总体预案的兼容性。例如,在审批大型活动突发事件应急预案时,评审团队由公安、交通、卫健、文旅等多部门代表组成,共同研讨活动期间人员聚集风险防控、交通管制与疏导、医疗救援快速响应及现场秩序维护等关键环节,确保预案在多部门协同作战场景下切实可行。经审批通过的预案方能正式生效实施,成为应急处置行动的指南。

3. 发布与备案

在发布环节,注重渠道多元化与传播效果优化,全力确保预案信息及时、准确传递至社会各界。北京市人民政府借助官方网站这一权威平台,设立突发事件应急预案发布专区,按照预案的类型、级别、发布时间等维度对其进行分类展示,以方便公众查询检索;同时,利用政务新媒体矩阵,包括官方微博、微信公众号、抖音政务号等平台,以图文、视频、动画等多种形式,对重要预案进行深入浅出的解读与宣传推广,提升公众对重要预案的关注度与知晓率。例如,在发布防汛应急预案时,制作生动形象的动画视频,直观展示洪水预警信号、避险自救方法及防汛抢险救援流程等关键信息,通过政务新媒体广泛传播该动画视频,增强公众的防汛减灾意识与应急应对能力。

传统媒体渠道亦发挥重要作用,报纸、电视台、广播电台等媒体开辟应急管理专栏或专题节目,邀请应急管理专家深度解读重要预案内容,分析其对社会民生、城市运行的重要意义,并结合实际案例讲解公众应对策略。在发布地震应急预案后,电视台制作系列专题报道,实地采访地震监测部门、应急救援队伍及社区居民,全方位呈现地震应急准备、监测预警、救援处置的全过程,强化公众对地震灾害应急的认知与理解。

在备案环节,构建严密规范的流程体系,确保预案管理有序、信息完整。各部门在预案编制完成后,需在规定的发布时限内,将预案文本及相关编制说明、审核文件等资料提交至北京市应急管理局备案。北京市应急管理局设立专门的备案管理系统,对备案预案进行形式审查,核对备案预案格式是否规范、关键要素是否完整;同时开展实质核查,比对备案预案内容与国家法律法规、全市应急管理规划及相关标准规范是否一致,确保备案预案质量可靠[①]。区级预案在向区政府报备的同时,需同步报北京市应急管理局存档,形成市区两级联动、信息共享的备案管理格局。通过备案管理,可实现对全市应急预案的集中管控与动态跟踪,为应急指挥决策提供准确、全面的预案信息支持。

4. 培训与宣传

培训工作分层分类、精准施训,全方位提升应急管理队伍的专业素养与应急处置能力。针对应急管理干部,组织高端专题培训课程,邀请国内顶尖应急管理专家、学者及具有丰富实战经验的一线指挥官,聚焦应急管理前沿理论讲解、政策法规解读、重大突发事件案例深度剖析及应急指挥决策制订等核心内容开展培训。采用课堂讲授、案例研讨、模拟演练、实地调研等多元化教学方式,旨在拓宽干部视野、提升其战略思维与统筹协调能力,培养一批具备敏锐风险洞察力、果断决策力与高效执行力的应急管理领军人才。

专业应急救援队伍侧重于技能强化培训。消防救援队伍定期开展火灾扑救、地震坍塌救援、危险化学品事故处置等专业技能训练。利用先进的模拟训练设施,如真火模拟训练室、地震废墟模拟训练场、化工事故模拟处置场等,创设逼真实战场景,进行高强度技能训练与实战演练,提升队员在复杂危险环境下的应急救援能力与团队协作默契度。医疗应急队伍围绕灾害医学救援、传染

---

① 闪淳昌."全灾种、大应急"背景下看《北京市突发事件应急指挥与处置管理办法》的出台[J].城市与减灾,2020(1):20-21.

病防控、紧急医疗救治等专业领域,开展创伤急救技术、疫情防控策略、远程医疗救援机制等专项培训,通过临床实践、模拟演练、国际交流合作等途径,提升医疗应急救治水平与应急响应速度。

宣传工作多管齐下、全面覆盖,积极营造全社会关注应急管理、参与应急管理的良好氛围。深入社区开展应急知识讲座与技能培训,组织社区应急志愿者团队,针对老年人、儿童、残疾人等弱势群体开展个性化应急宣传教育,如上门讲解家庭火灾预防与逃生技巧、地震避险要点等实用知识,并通过社区宣传栏、电子显示屏、社区广播等渠道,定期发布应急科普信息与预警提示。学校将应急教育纳入素质教育体系,编写专门的应急教育教材与课程大纲,开展消防安全演练、地震应急疏散演练、防溺水安全教育等常态化活动,增强学生应急安全意识与自救互救能力,通过"小手拉大手"活动推动家庭应急素养的提升。

企业结合行业特点与安全生产需求,开展针对性应急宣传培训。化工企业重点组织员工进行危险化学品安全操作规程、泄漏事故应急处置培训;建筑企业重点加强施工安全风险防控、高处坠落与坍塌事故应急救援培训。企业利用内部宣传栏、安全培训室、线上学习平台等资源,传播应急管理知识,增强员工的安全意识与应急责任意识,推动企业安全生产与应急管理水平的提升。

5. 实施与演练

在预案实施环节,构建高效敏捷的应急响应机制,确保突发事件应对及时、处置有力。一旦突发事件触发预案启动条件,监测预警系统迅速捕捉风险信号并将其传递至应急指挥中心。例如,气象部门监测到暴雨强度达到预警阈值,立即通过应急通信网络向北京市人民政府防汛抗旱指挥部发送预警信息,北京市人民政府防汛抗旱指挥部依据防汛应急预案启动相应级别的应急响应,同步向各部门下达行动指令。各部门迅速响应,公安部门即刻部署警力前往易积水路段、交通枢纽等关键区域,实施交通管制与疏导,保障救援通道畅通;物资保障部门迅速从应急物资储备库或协调供应商调运防汛沙袋、排水泵、冲锋舟等抢险救援物资,并将其运往受灾区域;卫生部门紧急启动医疗救援预案,组织医疗队伍在受灾群众安置点设立临时医疗救治点,准备应对可能出现的伤病员救治工作。

第三章　北京应急管理现状与发展分析

在预案实施环节,资源调配精准高效。依托应急资源管理信息系统,实现全市应急物资、救援力量、医疗资源等的统筹调度与优化配置[①]。在应对大型火灾事故时,消防部门根据火灾现场的火势规模、建筑结构、周边环境等因素,通过应急指挥平台迅速请求增援力量,周边消防救援队伍携带特种消防装备迅速响应集结,同时应急物资保障部门协调调配灭火药剂、消防水带、空气呼吸器等物资,及时满足一线需求,确保灭火救援行动持续高效开展。

在预案实施环节,现场处置科学规范。应急救援队伍抵达现场后,迅速成立现场指挥部,依据预案明确的职责分工与处置流程开展救援行动。在地震灾害现场,救援队伍使用生命探测仪、破拆救援装备等专业工具,争分夺秒地搜救被困群众;医疗队伍在现场设置临时医疗站,对救出的伤员进行紧急救治、伤情分类与转运;民政部门协同社区工作人员组织受灾群众疏散安置,为受灾群众搭建临时避难场所,提供食品、饮用水、毛毯等基本生活物资保障,保障受灾群众的基本生活需求与生命安全。

应急演练活动紧密围绕提升应急处置能力等核心目标。演练目的多元,包括检验预案的科学性与可行性、优化部门间的协同联动机制、提升应急队伍的实战能力、增强公众的应急意识与自救互救能力等。演练内容丰富多样,涵盖各类突发事件场景。例如:高层建筑火灾应急演练重点检验火灾报警响应、人员疏散逃生、消防灭火救援、医疗救护转运及现场秩序维护等环节的协同配合程度;传染病疫情防控演练涉及疫情监测预警、流行病学调查、隔离管控措施实施、医疗资源调配、疫苗接种组织等全流程;组织恐怖袭击应急处置演练检验反恐应急指挥决策、特种作战力量快速响应、人质解救与现场排爆、社会面治安管控等环节的应对效能。演练形式灵活多变。桌面推演通过模拟突发事件情景,组织各部门负责人及关键岗位人员在会议室环境下,基于预案规定流程与职责分工,进行应急决策研讨与协同应对分析,主要检验指挥决策体系与信息沟通协调机制的运行效率。实战演练则在真实或模拟的场景中,动员应急救援队伍、志愿者、社会公众等多方力量参与,进行全方位、全流程的实际操作演练。

---

① https://www.beijing.gov.cn/zhengce/zhengcefagui/202412/t20241210_3961976.html.

例如,在城市郊区设置地震灾害模拟场景,开展大规模地震救援实战演练,真实模拟地震发生后的房屋倒塌、人员伤亡、基础设施损毁等情况,检验各部门在复杂环境下的应急响应与处置能力。

构建科学严谨的指标体系,从组织协调、响应速度、处置效果、资源保障、公众参与等多维度对演练效果进行量化与定性评估[①]。利用现代信息技术手段,如视频监控分析、应急通信数据监测、现场问卷调查、专家现场点评等方式,收集演练过程数据与反馈信息,深入分析演练中存在的问题与薄弱环节。例如:通过视频监控分析发现,在火灾演练中部分人员疏散通道标识不清晰,导致疏散速度缓慢;通过应急通信数据监测发现,在地震演练中部分区域通信信号中断,导致指挥协调效率降低。演练评估结果被反馈至各相关部门与单位,为预案修订完善与应急管理改进提供关键依据,推动应急管理水平持续提升。

6. 评估与修订

评估工作秉持科学严谨、动态持续的原则,建立常态化、多维度评估机制。定期全面审查预案实施效果,在重大突发事件应对结束后,迅速组织应急管理专家、相关部门业务骨干及一线应急人员成立评估小组,深入事件现场、救援基地、受灾社区等关键区域进行实地调研。例如,在某次大型化工事故应急处置后,评估小组对事故现场危险化学品泄漏处置过程、周边环境监测数据、救援人员伤亡情况、受灾企业与群众损失及恢复重建情况等进行详细勘查分析,全面评估预案在事故监测预警、应急响应启动、救援资源调配、现场处置及后期恢复重建规划等方面的表现,梳理存在的问题与不足之处。日常动态监测预案执行情况,依托应急管理信息系统,实时收集各部门在日常应急管理工作中对预案的执行反馈信息,包括预案培训演练开展频次与效果、应急物资储备与更新状况、部门间协同联动工作记录等数据,建立预案执行情况数据库。通过数据分析,挖掘出潜在问题与风险点,如发现某区在防汛物资储备中存在部分物资过

---

① 北京市人民政府办公厅. 北京市人民政府办公厅关于印发《北京市突发事件应急预案管理办法》的通知[EB/OL].(2024-12-10)[2025-01-17]. https://www.beijing.gov.cn/zhengce/gfxwj/sj/202412/t20241210_3961976.html.

期未更新、某部门在参与跨部门应急演练时协同配合不够默契等问题,并对其进行跟踪整改。

修订工作紧密结合评估结果与城市发展实际需求。依据法律法规更新情况,及时调整预案相关法律依据与政策标准引用内容,确保预案的合法性与合规性。例如,随着《中华人民共和国安全生产法》修订实施,迅速对照新的法律条款,完善相关生产安全事故应急预案中的事故责任认定、处罚措施及企业安全管理要求等内容。针对北京城市发展变化,如城市基础设施建设升级、产业结构调整、人口变迁等,对应急预案进行适应性修订。例如:城市新建地铁线路开通后,交通部门及时修订城市轨道交通突发事件应急预案,补充新线路站点布局、客流疏散方案、应急救援设备配置等内容;随着城市副中心建设的推进,通州区全面梳理区域内突发事件风险变化,修订完善区级应急预案体系,强化与城市副中心功能定位相匹配的应急管理能力。

同时,充分吸纳突发事件应对实践中的新技术、新经验、新方法,优化预案应急处置流程与技术手段。在经历新冠疫情防控后,在公共卫生应急预案中引入大数据疫情监测分析技术、智能化社区防控管理系统及疫苗接种信息化管理平台等,提升疫情防控的精准性与高效性[①];在火灾救援领域,借鉴国际先进的消防救援技术与战术,修订火灾应急预案中的灭火救援策略,增加高层及超高层建筑火灾直升机灭火救援、消防机器人协同作战等新型救援技术应用内容,持续提升应急预案的科学性与实用性,确保其始终能有效指导北京突发事件应对工作。

7. 管理、更新与废止

应急预案管理制度健全规范。构建全流程信息化管理平台,实现应急预案管理精细化、动态化。预案备案全面实现电子化管理,依托北京市应急管理信息系统,各部门在编制完预案后,通过系统在线提交备案申请与预案文本,系统自动进行格式规范检查与关键信息提取登记。同时,对备案预案进行实时跟踪管理,记录预案版本、修订内容、实施情况及评估报告等信息,形成完整的预案

---

① https://www.sohu.com/a/828071225_122006510。

管理电子档案库,以方便随时查阅检索与统计分析,为应急管理决策提供数据支持。

预案的更新与废止精准高效,依据城市发展战略调整、突发事件风险演变及预案实际执行效果,对预案进行动态更新或适时废止。对于因城市功能定位转变、重大基础设施建设等导致突发事件风险显著变化的预案,及时组织修订更新工作,确保预案与城市发展实际相契合。例如,随着北京冬奥会的成功举办,延庆区针对后冬奥时期旅游产业发展带来的新风险,对旅游安全、公共服务保障等相关应急预案进行更新完善,提升冰雪旅游项目安全管理与应急服务能力。对于已完全不适应新形势或由机构改革职能调整导致主体责任缺失的预案,严格按照规定程序予以废止,并做好相关后续工作衔接,维护预案体系的准确性与有效性,保障北京市应急管理工作高效有序开展。

由此可见,北京市通过科学规划、严谨编制、规范发布、全面培训、深入宣传、实战演练、精准评估、及时修订、高效管理及进度更新等一系列环节的紧密配合、协同推进,不断提升应急预案的针对性、实用性与科学性,为城市安全稳定运行与人民生命财产安全提供坚实保障,有力推进首都应急管理体系现代化建设进程。在未来发展中,北京市将持续优化完善应急预案管理体系,积极应对不断变化的风险挑战,推动应急管理工作迈向更高水平。

第二节　应急管理体制

北京市构建了统一指挥、专常兼备、反应灵敏、上下联动的应急管理体制,并通过制定和实施各类指导意见和行动计划,如《关于加快推进韧性城市建设的指导意见》,明确了韧性城市建设的具体目标和路径[①]。

---

① 中共北京市委办公厅,北京市人民政府办公厅.中共北京市委办公厅 北京市人民政府办公厅印发《关于加快推进韧性城市建设的指导意见》的通知[EB/OL].(2021-11-11)[2025-01-17]. https://www.beijing.gov.cn/zhengce/zhengcefagui/202111/t20211111_2534214.html.

一、组织架构

1. 北京市应急管理局及各区应急管理局

北京市应急管理局处于北京应急管理体系的核心位置，发挥着统筹协调与执行落实的双重职能。北京市应急管理局作为市政府组成部门，承担着全市应急管理政策制定、预案体系建设、重大风险监测预警、跨区域救援协调等综合职能，其内设机构涵盖应急指挥、防汛抗旱、危化品监管、救灾物资保障等专业处室，并下辖北京市消防救援总队、北京市地震局等垂直管理单位，形成"平战结合"的管理架构。在市级层面，该局通过"1+4+N"应急预案体系（1个市总体预案、4大类市专项预案、N个部门预案）构建制度框架，同时依托"城市大脑"、应急管理综合信息平台等数字化工具，整合公安、消防、气象、水务等28个部门数据资源，实现风险监测"一网统揽"、指挥调度"一键通达"。例如，在2023年海河流域性特大洪水应对中，北京市应急管理局启动防汛专项预案，通过平台实时调取密云水库、官厅水库库容数据，联动北京市排水集团、武警北京总队等23支救援队伍，精准调配冲锋舟、吸水排水车等装备至房山、门头沟等重灾区，并依托"京办"App向7 200名基层防汛责任人发布预警指令，实现"监测—研判—决策—处置"全链条闭环管理。

各区应急管理局是应急管理工作在基层的重要执行力量。它们依据北京市应急管理局的总体部署与指导，结合本区实际情况，开展有针对性的应急管理工作。各区应急管理局根据区域风险特征细化职责，例如：朝阳区应急管理局聚焦CBD高层建筑消防、大型活动安全，建立"一楼一策"消防档案和"线上报备＋现场核查"的展演活动审核机制；海淀区应急管理局依托中关村科技优势，开发"应急一张图"系统，整合全区238个避难场所、127支社会救援队信息；密云区应急管理局针对水库移民村防汛需求，构建"区-镇-村-户"四级包保责任制，配套卫星电话、无人机等装备破解山区通信难题。市级管理部门通过年度考核、预案抽查、联合演练等方式对区级工作进行督导，如2023年组织全市"使命-2023"防汛演练，模拟永定河分洪场景，检验市-区-街道三级指挥体系联动效率。这种条块结合的架构设计既保障了政令畅通的垂直管理效能,又赋予了基层因地制宜的灵活性,形成了首都特色的应急管理网络。

2. 相关部门和单位

公安部门在应急管理中承担着维护社会秩序、保障公共安全的关键职责。在突发事件发生时,公安部门迅速出警,维持现场秩序,防止出现哄抢、骚乱等情况。例如:在自然灾害发生后进行人员疏散过程中,公安交警负责疏导交通,确保救援通道畅通无阻;在社会安全事件中,刑侦、治安等警种迅速开展调查处置工作,打击违法犯罪行为,稳定社会局势[①]。

卫生健康部门负责组织医疗救援队伍,调配医疗资源,对伤病员进行紧急救治和转运。在公共卫生事件中,其承担疫情监测、防控措施实施、疫苗接种组织等核心任务。在新冠疫情期间,北京市卫生健康部门迅速启动应急响应机制,设立定点收治医院,组建医疗专家组,开展流行病学调查,组织大规模核酸检测,全力控制疫情传播,保障市民健康。

消防救援部门专注于火灾扑救与各类灾害事故的抢险救援工作。其配备先进的消防车辆、灭火装备和专业救援器材,具备应对高层建筑火灾、化工火灾、地震坍塌等复杂灾害事故的能力。例如,在高层建筑火灾救援中,消防救援部门利用云梯消防车、高喷消防车进行外部灭火和人员救援,同时派遣消防员深入建筑内部,搜索被困人员,采取有效灭火措施,以最大限度地减少人员伤亡和财产损失。

交通、民政、生态环境等部门也在各自职责范围内积极参与应急管理工作。交通部门负责保障应急物资运输通道畅通,协调运输车辆和人员;民政部门负责受灾群众的生活救助与安置工作,提供食品、帐篷、毛毯等基本生活物资;生态环境部门负责监测突发事件对环境的影响,开展环境应急处置工作,防止环境污染扩散。

---

① 北京市应急管理局. 北京市安全生产委员会职责[EB/OL].(2004-03-09)[2025-01-17]. https://yjglj.beijing.gov.cn/col/col2498/index.html.

3. 北京市应急管理委员会

北京市应急管理委员会由市政府主要领导担任主任,各相关部门负责人为成员,是全市应急管理工作的最高领导机构。其职能包括统筹协调全市应急管理重大事项决策,制定应急管理战略方针与政策,指挥重大突发事件应急处置工作。在重大自然灾害或事故灾难发生时,北京市应急管理委员会迅速启动应急响应机制,召开紧急会议,听取各部门的情况汇报,综合分析研判形势,制订科学合理的应对策略,统一调配全市应急资源,确保应急处置工作高效有序开展。

在运作方式上,北京市应急管理委员会建立了常态化的应急指挥协调机制。平时,其定期召开会议,研究部署应急管理工作重点任务,协调解决部门间存在的问题与矛盾;突发事件发生时,其迅速转换为应急指挥中心,通过应急指挥平台实现对全市应急力量的统一调度指挥。例如,在应对由强降雨引发的城市内涝灾害时,北京市应急管理委员会通过气象、水文、交通等部门实时上传的数据信息,全面掌握雨情、水情和城市交通状况,指挥排水、交通、消防、救援等部门协同作战,及时排除积水,疏散被困群众,保障城市正常运行。

二、法律法规与政策

在应急管理的法治框架中,《中华人民共和国突发事件应对法》作为基础性法律,为应急管理工作提供了坚实的法治保障。这部法律全面涵盖了突发事件管理的全流程架构。在预防与应急准备阶段,它明确要求政府构建完备的风险评估体系,针对可能引发突发事件的各类因素进行深度排查与分析[①]。例如,在城市规划环节,政府要充分考虑地理环境、人口密度、产业布局等要素对灾害发生概率及影响范围的影响,合理规划应急避难场所、疏散通道等基础设施。同时,这部法律规定:社会组织应积极参与应急知识普及与技能培训工作,增强公

---

① 全国人民代表大会常务委员会. 中华人民共和国突发事件应对法[EB/OL].(2024-08-30)[2025-01-17]. https://www.gov.cn/ziliao/flfg/2007-08-30/content_732593.htm.

众的风险防范意识与应急自救能力,如鼓励社区组织开展火灾预防讲座、地震应急演练等活动;公民有义务配合政府及相关部门实施的风险防控措施,如如实报告可能存在的安全隐患等。

在监测与预警环节,这部法律详细规范了信息收集、分析与发布的流程。政府部门需整合气象、地质、卫生等多领域监测资源,构建高效的信息共享平台,以及时捕捉突发事件的潜在迹象。一旦监测数据达到预警阈值,应迅速通过权威渠道向社会发布预警信息,且预警级别划分需清晰明确,不同级别对应不同的响应措施与准备要求,从而促使社会各界能够依据预警及时做出合理反应,如企业调整生产计划、学校安排停课或调整教学活动等。

在应急处置与救援阶段,这部法律对政府及各类救援力量的行动准则做出了严格界定。政府在突发事件发生后应迅速启动应急响应机制,成立现场指挥机构,协调公安、消防、医疗、交通等多部门开展联合救援行动,以确保救援工作高效有序。例如,公安部门负责现场秩序维护与交通管制,保障救援通道畅通;消防部门运用专业技能与装备进行灭火、抢险救援;医疗部门及时救治伤病员并做好伤病员转运工作。同时,这部法律赋予救援人员在紧急情况下必要的执法权力与优先通行权利等,以保障救援行动顺利推进。

在事后恢复与重建环节,这部法律明确了政府主导、社会参与的原则,规定政府应制订科学合理的恢复重建规划(涵盖基础设施修复、受灾群众安置、经济社会秩序恢复等方面),并合理分配财政资金与社会捐赠资源,保障重建工作顺利开展,帮助受灾地区尽快恢复正常的生产生活秩序。

基于国家法律框架,北京市紧密结合本地复杂多元的城市特点与应急管理需求,精心制定了一系列具有针对性的地方性法规和政府规章。《北京市实施〈中华人民共和国突发事件应对法〉办法》在组织体系方面,进一步明确了市、区、街道(乡镇)三级应急管理机构的职责权限与协调机制[①]。北京市应急管理局的职能是综合统筹,其负责制定全市应急管理战略规划与政策,协调跨部门

---

① 北京市人民代表大会常务委员会. 北京市实施《中华人民共和国突发事件应对法》办法[EB/OL]. (2008-05-23)[2025-01-17]. http://www.bjrd.gov.cn/rdzl/dfxfgk/dfxfg/202101/t20210106_2200125.html.

重大应急事项;区级应急管理部门侧重于落实上级政策,结合本区实际情况开展风险防控与应急处置工作,如针对本区内老旧小区集中、基础设施老化等问题制订专项应急预案;街道(乡镇)基层组织承担信息收集上报、初期应急处置与组织群众疏散等基础任务。

在应急预案管理方面,《北京市实施〈中华人民共和国突发事件应对法〉办法》细化了预案的内容要素与更新程序,规定了预案不仅要涵盖基本的应急响应流程,还要结合北京的城市功能区分布、人口流动特点等因素,制订个性化的应对措施。例如,针对中央商务区高楼大厦密集的特点,其规定了火灾应急预案应详细规划高层消防救援方案、人员疏散路线等内容,同时规定了预案应根据城市发展、风险变化等情况至少每3年进行一次全面修订,并在修订过程中充分征求专家、公众及相关利益方的意见,确保预案始终保持科学性与实用性。

在应急保障措施方面,《北京市实施〈中华人民共和国突发事件应对法〉办法》明确了应急物资储备的品种、数量与布局标准。其规定了依据北京市可能面临的突发事件类型,合理储备防汛沙袋、消防器材、医疗防护物资、应急食品等,并按照区域风险等级与人口密度进行科学分配,确保在突发事件发生时能够迅速调配到位。同时,其规定了应急救援队伍的建设与管理要求,鼓励专业队伍与志愿者队伍协同发展,建立定期培训与演练机制,提升队伍整体应急能力。

在安全生产领域,《北京市安全生产条例》针对生产经营单位的安全生产条件提出了严格的量化标准[①]。例如:对于危险化学品生产企业,规定了储存设施与周边建筑物的安全距离、防火防爆设施的配备等级等具体指标;在安全管理机构设置上,依据企业规模与行业风险等级,明确了不同类型企业应设立专职安全管理机构或配备相应数量的安全管理人员,如大型建筑施工企业必须设立独立的安全管理部门,并配备足够数量的注册安全工程师;在从业人员安全培训方面,规定了培训的时长、内容与考核标准,要求新入职员工必须接受不少于48小时的岗前安全培训,且每年需进行再培训,培训内容涵盖安全生产法律法

---

① 北京市人民代表大会常务委员会. 北京市安全生产条例[EB/OL]. (2022-05-25)[2025-01-17]. https://www.beijing.gov.cn/zhengce/dfxfg/202205/t20220530_2724699.html.

规、操作规程、事故案例分析等,新入职员工在培训合格后才能上岗作业。

在消防管理方面,《北京市消防条例》对建筑消防设施建设做出详细规定。例如:对于新建建筑,其规定了在规划设计阶段必须严格遵循消防技术标准,确保消防通道的宽度、消防水源设置、消防电梯配备等符合要求;对于既有建筑,其规定了定期开展消防设施检测与维护,如要求高层建筑每年至少进行一次全面的消防设施检测,及时更换损坏的消防器材;在消防产品质量监管上,其规定了建立严格的市场准入与抽检制度,严禁不合格消防产品流入市场;在火灾事故调查处理方面,其明确了调查程序与责任认定标准,规定了火灾发生后应迅速成立由消防、公安、应急管理等部门组成的调查组,按照科学严谨的方法查明事故原因,依法追究相关单位与人员的责任,通过严格执法保障消防安全,维护社会公共安全。

三、应急管理体系

1. 应急预案体系

北京市的应急预案体系在"一案三制"战略架构中占据关键地位,历经多年建设与完善,已呈现出高度的系统性与完备性。市总体预案是应急管理工作的总纲,清晰界定了应急管理的核心原则、基础架构以及应对各类突发事件的基本流程与通用策略,为全市应急管理工作锚定方向。其涵盖风险防控、监测预警、应急处置、恢复重建等全生命周期环节,确保应急管理工作有序衔接、高效运转。

市专项预案宛如利箭,精准针对不同类型的突发事件,包括地震、洪水、火灾、公共卫生事件、社会安全事件等。以地震应急预案为例,其深度整合地震监测网络信息,构建科学高效的预警发布机制,一旦捕捉到地震波异常信号,就迅速通过多渠道向社会公众推送预警信息,为人员疏散争取宝贵时间。同时,其详细规划人员疏散路径与避难场所布局,充分考虑北京城市地理环境与人口分布特点,确保疏散过程安全、有序、高效。在救援行动环节,其明确各专业救援队伍职责与协同作战模式,如消防队伍负责废墟清理与被困人员搜救,医疗队伍负责在现场及周边设立临时医疗点,对伤者进行紧急救治与转运,保障生命救援绿色通道畅通无阻①。

部门预案恰似紧密咬合的齿轮,各部门依据自身职能与业务范畴,对突发事件应对流程进行细致拆解。公安部门预案聚焦突发事件现场秩序维护与交通管控,确保救援通道顺畅,防止出现拥堵与混乱;卫生健康部门预案围绕医疗资源紧急调配、疫情防控体系启动、伤病员分类救治与转运等关键环节展开,在公共卫生事件应对中发挥核心支柱作用;交通部门预案着力保障应急物资运输线路畅通,协调运输车辆与人员调度,确保救援物资及时送达灾区。

各类单位预案是应急管理的"末梢神经",社区、学校、企业等基层组织紧密结合自身实际情况,制订贴合实际、操作性强的应急预案。社区预案详细规划邻里互助、弱势群体救援、居民信息沟通等的具体措施;学校预案涵盖学生疏散演练、校园安全防护、教学秩序调整等内容;企业预案针对生产安全事故、火灾隐患、危险化学品泄漏等风险,明确应急处置流程、员工安全培训与疏散方案。这些应急预案形成"纵向到底、横向到边"的应急预案网络,确保应急管理不留死角、空白。

2. 应急指挥体系

北京市应急指挥体系以"统一指挥、专常兼备、反应灵敏、上下联动"为核心原则,构建起"三级指挥、四层协同、智慧赋能"的立体化应急响应网络。在市级层面,北京市应急管理委员会作为最高决策机构,由市长担任总指挥,统筹协调35个成员单位,下设防汛抗旱、安全生产、公共卫生等12个专项应急指挥部,形成"1+12"平战结合指挥架构。北京市应急管理局作为日常运转枢纽,通过应急指挥中心实现"监测预警、会商研判、决策指挥、资源调度"四大职能集成,其建设的应急指挥综合业务系统可实时接入公安、消防、气象、水务等28个部门的数据,形成覆盖全市的"风险热力图"。在重大突发事件处置中,北京市启动

---

① 北京市人民代表大会常务委员会. 北京市实施《中华人民共和国突发事件应对法》办法[EB/OL].(2008-05-23)[2025-01-17]. https://www.beijing.gov.cn/zhengce/dfxfg/202008/t20200806_1975524.html.

扁平化指挥模式。例如,2023年海河流域性特大洪水应对期间,应急指挥中心通过系统调取密云水库、永定河等关键点位387处传感器数据,结合气象雷达拼图和AI洪水演进模型,精准预测房山区十渡镇将成洪峰过境重点区域,提前12小时启动Ⅰ级应急响应,调度武警北京总队、北京市排水集团、蓝天救援队等23支队伍携带56台套龙吸水排水车、12架无人机赶赴现场。区级应急指挥体系作为中坚力量,实行"区委区政府主导、应急局牵头、部门联动"机制。例如,朝阳区建立"应急指挥车+单兵图传"前突指挥模式,在2023年国贸地铁站信号故障事件中,通过4G/5G聚合路由将现场画面回传至区应急指挥中心,联动交通委、公交集团、属地街道在30分钟内启动公交接驳专线,疏散滞留乘客2.1万人次。在街道(乡镇)层面,社区依托应急值守平台实现"10分钟接报、30分钟到场"响应标准。东城区前门街道创新"网格员+监控探头+热成像"三维预警机制,在2024年春节庙会期间通过红外监测发现一处摊位电路过载隐患,区应急指挥中心立即调度微型消防站在5分钟内完成处置。应急指挥体系还强化军地协同,与中部战区、武警北京总队建立灾情信息共享和力量预置机制。在2023年门头沟山洪救援中,军队直升机通过指挥系统获取的受灾点坐标实施精准空投,累计投放物资12吨。智慧化赋能是应急指挥体系升级的关键。朝阳区试点的数字孪生指挥舱集成建筑信息模型与物联网数据,可模拟火灾烟气扩散路径并自动生成疏散方案;海淀区研发的应急指挥机器人在2024年某高校实验室危化品泄漏事件中,通过语音交互快速调取化学品MSDS数据,辅助指挥员制订中和处置方案。应急指挥体系通过"制度-技术-人力"三重保障,实现从经验指挥向数据驱动决策的跨越,确保北京市在应对突发事件时能快速响应、精准调度、高效处置。

3. 应急救援体系

北京市的应急救援体系呈现专常兼备、多元协同的格局。专业救援队伍是应急救援的"尖刀力量"。消防救援队伍作为应急救援的主力军,装备精良、训练有素,具备应对火灾、地震坍塌、危险化学品泄漏等复杂灾害事故的强大能力。其配备先进的云梯消防车、高喷消防车、地震救援生命探测仪、破拆救援装备等,定期开展高强度实战演练与专业技能培训,不断提升应急救援水平。

医疗救援队伍在公共卫生事件与突发事件伤病员救治中发挥着关键作用。由各大医院急救中心、专业医疗科室医护人员组成的医疗救援团队具备丰富的临床经验与应急救治技能,能够在突发事件现场迅速开展创伤急救、疾病防控、心理疏导等工作,并通过完善的医疗转运体系,将重伤员安全快速地转运至后方医院进行进一步救治。

此外,北京市还积极培育和发展社会救援力量,蓝天救援队、公羊救援队等民间公益救援组织活跃在应急救援一线。这些组织在山地救援、水域救援、自然灾害救援等领域具有独特的专业优势,与政府专业救援队伍形成有效互补。在应急救援体系建设中,北京市注重加强各类救援队伍间的协同作战机制建设,定期组织联合演练,优化救援行动流程,提高协同配合默契度,从而提升整体救援效能。

四、应急管理能力

1. 应急资源管理和配置

北京市的应急救援队伍在规模与专业素养上均处于较高水平。专业救援队伍(如消防、医疗等队伍)的人员编制充足,且其不断优化人员结构,吸引高素质专业人才加入。消防救援队伍通过严格的消防员招录选拔机制,确保新入职队员具备良好的身体素质与文化基础,后续经过系统专业培训,熟练掌握各类消防装备操作与复杂灾害救援技能。医疗救援队伍注重医护人员应急救治技能培训与实战演练,强化多学科协作能力,以提升在突发事件中的医疗救援效率。

在应急装备方面,北京市持续加大投入力度,引进国际先进应急装备技术。消防部门配备了灭火机器人、远程供水系统、大跨度举高消防车等具有国际先进水平的装备,显著提升了火灾扑救能力与高层建筑救援效率;医疗部门配备了移动方舱医院、负压救护车、先进的生命支持设备与远程医疗诊断系统等,在公共卫生事件与突发事件医疗救援中发挥了重要作用。北京市储备的应急物资在品类、数量与质量上均满足应急管理需求,通过科学规划与动态管理,确保物资能够迅速调配至突发事件现场①。

在资源配置方面,北京市充分考虑城市功能区分布与各区的风险特点,实现差异化配置。北京市在城市核心区、商业区、人口密集区等重点区域,强化应急物资储备点与救援力量部署,以缩短应急响应时间;在山区、河流沿岸、化工园区等特殊风险区域,针对性配置森林防火、防汛、危险化学品应急处置等专用装备与物资,以提升应急资源配置的科学性与合理性。

2. 各类突发事件应对能力评估

在自然灾害应对方面,北京市针对地震、洪水、气象灾害等制订了完善的应对策略与预案。地震监测网络覆盖全市,能够及时捕捉地震前兆信息,地震应急预案在人员疏散、建筑抗震加固、应急救援等方面具备较强的可操作性。在洪水应对中,依托完善的城市排水系统与防汛工程设施,结合气象预警信息,可提前做好河道清淤、排水泵站维护、防汛物资储备等工作,有效应对城市内涝与洪水侵袭。气象灾害预警机制高效灵敏,通过多种媒体渠道及时向公众发布预警信息,可指导公众做好防灾避险准备。

在事故灾难应对方面,北京市针对生产安全事故、火灾事故、交通事故等建立了严密的监管与应急处置体系。安全生产监管部门强化对企业安全生产的日常监督检查,督促企业落实主体责任,完善安全管理制度与应急预案。消防部门针对不同类型建筑火灾的特点,制订科学灭火救援方案,加强高层建筑、地下建筑、化工企业等重点场所的消防安全检查与演练。交通部门在交通事故应急处置中,具备快速响应、现场救援、交通疏导与事故清理能力,从而保障交通干线畅通。

在公共卫生事件应对方面,经历新冠疫情考验后,北京市的公共卫生应急体系得到全面升级。北京市构建了完善的疫情监测预警系统,通过整合医疗机构、社区卫生服务中心、药店等多渠道信息,实现疫情早发现、早报告、早处置。北京市的医疗资源储备充足,方舱医院、隔离病房、医疗防护物资等能够满足大规模疫情防控需求。疫苗研发与接种体系高效运行,在疫情防控中发挥了重要

---

① 孙富,夏春雷.解读《北京市消防条例》[J].现代职业安全,2011(10):58-61.

作用。

在社会安全事件应对方面,公安部门强化社会治安防控体系建设,提升情报信息收集分析能力,在群体性事件、恐怖袭击事件等应对中,能够迅速出警、依法处置,维护社会稳定与公共安全。

五、应急响应与处置

北京市应急响应与处置体系以"快速响应、科学处置、协同联动、精准救灾"为核心目标,构建起覆盖"监测预警—决策指挥—现场救援—恢复重建"全链条的闭环管理机制,形成"平战结合、高效灵敏"的应急管理能力。

1. 分级响应与扁平化指挥

北京市建立四级应急响应等级(从Ⅰ级至Ⅳ级),依据突发事件性质、影响范围和危害程度动态调整响应级别。例如,在2023年海河流域性特大洪水应对中,当永定河卢沟桥站流量突破2 000立方米/秒时,北京市人民政府防汛抗旱指挥部立即启动Ⅰ级响应,跳过区级汇报环节,通过应急指挥综合业务系统向房山、门头沟等区下达"人员转移、水库调蓄、道路封控"3道指令,实现"1小时避险转移2.3万人"的应急目标。在市级层面,实行"指挥部+前线指挥所"双轨运行模式,市委书记、市长坐镇市应急指挥中心统筹全局,分管副市长率工作组赴一线成立前方指挥部,依托应急单兵图传设备和宽窄带融合通信系统实现前后方音视频实时互通。针对城市副中心、大兴机场等重点区域,创新制订区域专属响应方案。例如,通州区建立"三维建模+水情模拟"系统,提前48小时预测洪涝风险区域,并联动河北廊坊、天津武清启动跨界河流联防联控机制,确保北运河行洪畅通。

2. 智能化处置与资源动态调配

北京市依托"城市大脑"应急管理模块,整合全市的监控视频、物联网传感器数据,构建"灾害态势一张图"。在2024年朝阳区某高层建筑火灾中,朝阳区应急指挥中心通过热成像无人机锁定起火点位于17层空调外机平台,立即调用灭火救援数字预案库匹配同类场景处置方案,同步启动三级消防力量梯次调配机制:首批5辆微型消防车在3分钟内抵达现场控制火势,第二批15米高喷消防车10分钟后展开外围灭火,第三批搜救犬分队20分钟后进入楼内排查被困人员。在物资调配方面,北京市建立"市级储备库＋区级分拨中心＋社区微型站"三级保障网络,通过应急物资调度平台实现帐篷、发电机、排水单元等装备的一键调拨。在2023年门头沟山洪救援中,根据受灾村镇需求,通过该平台从房山、昌平两个储备库跨区调运冲锋舟12艘、卫星电话30部,并利用无人机空投系统向断联区域投放单兵通信终端,确保指令畅通。

3. 专业化救援与社会力量协同

北京市构建了"综合＋专业＋社会"救援队伍体系。北京市消防救援总队下设12个特种灾害救援大队,其配备地震救援模块车、化学侦检机器人等高端装备。北京市应急管理局直属森林消防综合救援支队常态化驻防浅山区,2023年累计处置森林火情27起,平均灭火时间缩短至1.5小时。在社会力量方面,北京市培育蓝天救援队、公羊救援队等12支品牌队伍,通过应急志愿服务平台实现资质认证、任务派发和保险保障。在2024年密云区突发山洪救援中,密云区应急指挥中心同步调度消防特勤支队、红十字急救中心、中国移动应急通信车,并授权绿舟救援队使用军用北斗终端定位被困驴友,形成"空地一体、专群结合"的救援合力。

4. 科技赋能与新装备应用

昌平区为推进智慧应急工程建设,在昌平未来科学城试点"5G＋AI"应急指挥车,其集成多模态通信、三维建模、AR实景指挥等功能,可对化工泄漏、建筑坍塌等场景进行数字化推演。海淀区研发了应急机器人集群(包括管道探测机器人、危化品处置机器人和消毒机器人),在2024年某高校实验室事故中,应急机器人集群完成了气体检测、阀门关闭和伤员转运任务,从而避免了造成人员二次伤害。通州区引入了区块链物资追溯系统,对捐赠物资从入库到发放的全流程上链存证,确保了2023年汛期接收的12万件物资零错配。此外,北京市推广应急管理元宇宙平台,通过数字孪生技术模拟城市内涝、燃气爆炸等场景,常态化开展"无脚本双盲演练",2023年共组织演练87场,覆盖参演人员2.3万人次。

5. 灾后评估与恢复重建

北京市建立灾害损失快速评估模型,整合北京市住建部门房屋鉴定数据、北京市农业农村局作物受灾数据和北京市地方金融监督管理局保险理赔数据,72小时内生成恢复重建规划报告。在2023年房山区灾后重建中,北京市依据评估结果优先修复108国道生命通道、14所中小学和3家卫生院,同步启动韧性社区建设,为1.2万户居民安装燃气报警器和烟感探测器。在心理干预方面,北京市组建由北京师范大学、首都医科大学专家组成的危机干预小组,该小组通过心理健康云平台为受灾群众提供在线咨询,2023年累计服务5 600人次。针对企业恢复,北京市出台"应急纾困18条"(包括税费减免、贷款贴息和用工补贴),助力230家规模以上企业在一个月内复工复产。

北京市通过制度创新、技术突破和模式重构,将应急响应与处置从单一救灾转向全周期管理,但仍需破解基层应急能力不均衡、社会力量参与深度不足等难题,未来将重点推进应急管理职业化改革和首都圈应急协同立法,构建更具韧性的超大城市安全屏障。

第三节 应急管理机制

在机制建设方面,北京市建立了市、区、乡镇(街道)以及各相关部门分级应对、联动响应的应急指挥架构,并在全国率先发布了应急管理事业发展统计公报,全方位、多维度展示了应急管理事业改革发展成效。

一、应急指挥机制

北京市的应急指挥机制是确保城市安全和有效应对突发事件的关键组成部分。在"一案三制"背景下,北京市建立了一套完善的应急指挥体系,以提高应急管理的科学性、规范性和有效性。

北京市的应急指挥机构以市应急指挥中心为核心,下设各区应急指挥中心,形成市、区两级应急指挥体系。市应急指挥中心负责全市范围内的应急管理工作,包括制订应急预案、组织应急演练、协调各部门资源等。各区应急指挥中心则负责本区内的应急管理,与市应急指挥中心保持密切联系,确保信息畅通和指令快速传达。

市应急指挥中心的职能包括但不限于:监测和预警、应急响应启动、资源调配、信息发布、现场指挥和协调等。各区应急指挥中心侧重于执行市应急指挥中心的指令,同时根据本区实际情况,进行现场指挥和协调。

应急指挥机制的运作流程通常包括以下几个关键环节。

① 信息收集:通过各种监测手段和信息渠道,实时收集有关突发事件的信息。

② 决策制订:根据收集到的信息,评估事件的严重性,制订相应的应急响应策略和行动计划。

③ 指令下达:将决策转化为具体的行动指令,并将指令通过应急指挥系统下达给相关部门和单位。

④ 现场指挥:在突发事件现场,设立现场指挥部,其负责现场的指挥和协调工作,确保救援行动的有序进行。

北京市通过市、区两级指挥中心的设置,实现了应急管理的层级化和专业化,提高了应急响应的速度。应急指挥机制的运作流程清晰明确,从信息收集到决策制订,再到指令下达和现场指挥,每个环节都有明确的目标和程序,确保了应急行动的连贯性和协调性。北京市注重应急指挥机制的信息化建设,通过建立应急指挥平台,实现了信息的快速传递和处理,提高了决策的科学性和准确性。另外,定期的应急演练和培训增强了应急指挥机制的实战能力,确保该机制在真正的突发事件中能够迅速、有效地发挥作用。然而,应急指挥机制的完善是一个持续的过程,需要不断总结经验、改进不足。例如:加强跨部门、跨区域的协调机制建设,提高资源调配的效率;加强公众参与和信息公开工作,提高应急指挥的透明度和社会信任度。

二、预警监测机制

北京市构建了"全域覆盖、智能感知、精准研判、高效联动"的预警监测机制,以"风险早发现、预警早发布、态势早控制"为目标,形成"空天地一体化"监测网络与"多源数据融合"分析体系,实现突发事件从被动应对向主动防控转变。该机制以北京市应急管理局为统筹主体,整合气象、水务、地质、交通等28个部门的监测资源,依托"城市大脑"应急管理模块,构建起覆盖自然灾害、事故灾难、公共卫生、社会安全四大领域的风险监测预警平台。在技术层面,各应急管理模块通过物联网传感器、卫星遥感、5G通信、人工智能算法等技术手段,对城市生命线工程(如燃气管道、桥梁隧道)、重点防护目标(如危化品企业、大型商业综合体)、人员密集场所(如地铁站、医院)实施 7×24 小时动态监测,并结合历史灾情数据建立风险评估模型,实现灾害发生概率与影响范围的量化预测。例如,在汛期通过"气象雷达拼图+水文站数据+AI洪水演进模型",可提前12小时预测河道洪峰过境时间与淹没范围;在森林防火期,利用"红外热成像无人机+地面瞭望塔"构建三维火情监测网,火点定位精度可达10米以内。预警信息发布采用"多渠道、分众化"策略,通过短信、高德地图弹窗、社区应急广播等推送,确保覆盖市民、游客、重点单位负责人等不同群体,2023年汛期累计发布预警信息1.2亿条,靶向提醒房山、门头沟等高风险区域居民58万人次。

三、应急响应机制

北京市应急响应机制的启动条件通常包括发生自然灾害、事故灾难、公共卫生事件和社会安全事件等。一旦发生突发事件,应急响应机制就被触发。根据事件的严重程度和影响范围,响应级别一般分为4级:特别重大(Ⅰ级)、重大(Ⅱ级)、较大(Ⅲ级)和一般(Ⅳ级),每个级别对应不同的响应措施和资源调配需求[1]。

---

[1] 《北京市生产安全事故报告和调查处理办法》。

响应措施包括但不限于：疏散撤离、现场控制、紧急救援、医疗救护、物资供应、信息发布等。例如，在自然灾害发生时，可能需要立即疏散受影响区域的居民，同时调动救援队伍进行现场救援和医疗救护。

北京市的应急响应机制在多次突发事件中展现出了良好的效果。该机制通过明确的启动条件和响应级别，确保了应急响应的及时性和适当性。一旦达到启动条件，相应的应急响应级别就立即被激活，相关部门迅速进入应急状态，这有效缩短了从事件发生到应急响应的时间。

四、应急救援机制

北京市的应急救援机制通过建设专业化、规范化的应急救援队伍和完善的应急物资保障体系，确保了在突发事件发生时能够迅速、有序地开展现场救援工作，提高了救援能力和效率。

北京市的应急救援队伍包括专业救援队伍、基层应急救援队伍和社会应急救援队伍。根据《北京市安全生产应急救援队伍建设管理办法》，这些队伍需要具备规范化、标准化和专业化水平，能够承担生产安全事故领域的救援任务。市级专业应急救援队伍建设由北京市应急管理局统筹，区级专业应急救援队伍和基层专业应急救援队伍的建设由各区应急管理局负责。此外，鼓励和支持生产经营单位和其他社会力量建立提供社会化应急救援服务的队伍。

北京市的应急物资保障体系是其应急管理体系的重要组成部分。根据《北京市市级应急救灾物资储备管理办法》，市级应急救灾储备物资由市财政安排资金购置，专项用于支持在遭受重大自然灾害的地区开展受灾群众生活救助工作[①]。应急物资的管理包括储备规划、品种目录和标准的编制，以及储备需求和

---

① 北京市粮食和物资储备局，北京市应急管理局，北京市财政局. 北京市市级应急救灾物资储备管理办法[EB/OL].（2023-11-21）[2025-01-17]. https://www.beijing.gov.cn/zhengce/zhengcefagui/202311/t20231122_3307323.html.

动用决策的提出。北京市应急管理局负责这些工作,并与北京市粮食和物资储备局、北京市财政局等部门共同实施。

北京市的应急救援机制在突发事件现场救援中展现出了较强的能力和较高的效率。根据《北京市应急救援体系建设现状与对策研究》,北京市通过推进应急救援体系的法治化、社会化、专业化和智能化,实现了对应急救援行为的规范、对资源的整合、对举措的精准化和对手段的创新,确保了应急救援队伍能够在突发事件发生时迅速、有序地开展救援工作,提高救援效率。

五、应急保障机制

北京市的应急保障机制是城市应急管理体系的重要组成部分,它在"一案三制"背景下,发挥着至关重要的作用。应急保障机制涵盖应急通信、交通、电力、水利等多个关键领域,确保在突发事件发生时,能够迅速、有效地提供必要的支持和保障[①]。

① 应急通信保障:北京市建立了覆盖全市的应急通信网络,确保在紧急情况下,各级应急管理机构、救援队伍和公众之间的信息传递能够畅通无阻。通过与电信运营商合作,北京市能够在灾害发生时迅速采取应急通信保障措施,包括卫星通信、移动通信基站的快速部署等。

② 交通保障:北京市交通委员会与相关部门协作,制订了交通保障应急预案,确保在突发事件中,救援队伍和物资能够快速、安全地到达现场。交通保障应急预案包括交通线路的优先调度、交通管制措施的实施以及临时交通设施的搭建。

③ 电力保障:国网北京市电力公司负责电力供应的应急保障,确保在灾害发生时,关键设施和救援现场的电力供应不受影响。通过配备备用电源、快速修复受损电网等措施,可保障电力系统的稳定性和可靠性。

④ 水利保障:北京市水务局负责水利设施的应急管理。通过加强水利设施

---

① https://yjglj.beijing.gov.cn/col/col2490/index.html。

的维护和监测,以及在必要时实施水资源调配,可确保水资源的合理利用和安全保障。

另外,在应急物资的储备、调度和分配方面,北京市建立了完善的应急物资管理系统。通过与物资供应商合作,可确保应急物资的充足储备。同时,北京市建立了应急物资调度平台,实现了对物资需求的快速响应和对物资的合理分配。在分配机制上,优先保障受灾群众的基本生活需求和救援队伍的装备需求,确保物资的有效利用。

应急保障机制在确保应急救援顺利进行中发挥着至关重要的作用。首先,它为救援行动提供了必要的物质基础,确保救援队伍能够及时获得所需的装备和物资。其次,通过交通、通信等保障措施,它提高了救援行动的效率,缩短了救援时间。最后,它有助于维护社会稳定,通过保障受灾群众的基本生活需求和公共服务的连续性,减小了灾害对社会秩序的影响。

六、信息报告与共享机制

北京市建立了一套完善的信息报告与共享机制,该机制涵盖了信息的收集、处理、传递和共享等环节。在信息收集方面,北京市利用现代化的监测设备和信息技术(如卫星遥感、无人机监测等),实现了对突发事件的实时监控和信息收集。同时,北京市还建立了公众报告系统,鼓励市民通过电话、手机应用等多种渠道报告突发事件信息。在信息处理方面,北京市应急管理局负责对收集到的信息进行筛选、核实和分析,以确保信息的准确性和时效性。在信息传递方面,北京市建立了应急信息传递系统,确保信息能够迅速传递到相关部门和人员。北京市建设了应急信息共享平台,实现了跨部门、跨区域的信息共享。该平台整合了公安、消防、医疗、交通、气象等多个部门的信息资源,通过统一的数据接口和标准,实现了信息的无缝对接和共享。这不仅提高了信息的利用效率,也增强了应急响应的协同性。

信息报告与共享机制在北京市应急管理中发挥着重要作用。首先,它为应急决策提供了科学依据。根据准确、及时的信息,决策者可以迅速了解事件的全貌,制订合理的应对策略。其次,它提高了应急响应的效率。通过信息共享,相关部门可以及时了解事件进展,协调行动,避免资源浪费和行动冲突。最后,它有助于保障公众的知情权,提高公众的参与度,增强社会对应急管理的信任和支持。

七、社会动员与参与机制

北京市应急管理的社会动员与参与机制是其应急管理体系的有机组成部分,该机制旨在通过志愿者、社会组织和企业的广泛参与,提高应急管理的效率,扩大应急管理的覆盖面。北京市的社会动员与参与机制主要通过志愿者招募、培训、管理和激励等方式运作。根据《北京市志愿者服务管理办法》,志愿者招募可以采取公开与定向、常态与紧急、面向个人与面向集体招募相结合等形式[①]。招募信息应包含志愿服务项目情况,志愿者需求数量、岗位要求和报名方式等。

志愿者的培训和管理遵循规范化、制度化的原则。志愿者信用记录采取统一管理、分级负责的管理制度,通过"志愿北京"信息平台可将志愿者的服务记录、表彰奖励等信息进行记录和管理。

社会组织和企业在北京市的应急管理中发挥着重要作用。根据《北京市基层社会动员工作指引》,北京市在基层围绕大城市病治理、居民自治、共治共建、应急动员、志愿服务等方面开展了社会动员试点,截至2021年3月已累计覆盖130个街道(乡镇),建立93个街乡级社会动员中心。社会组织通过参与应急管理,可以提供专业的救援和支援服务[②]。例如,在疫情防控中,社会组织积极参与疫情监测、防控措施落实等工作,发挥了重要的补充作用。

---

① 北京市社会建设工作领导小组.北京市社会建设工作领导小组关于印发《北京市志愿者服务管理办法》的通知[EB/OL].(2022-01-19)[2025-01-17]. https://www.bjwmb.gov.cn/tzgg/10000590.html.

② 北京市委社会工委市民政局.《北京市基层社会动员工作指引》正式印发[EB/OL].(2021-03-12)[2025-01-17]. https://www.sohu.com/a/455402272_120209831.

八、培训与演练机制

北京市应急管理培训体系涵盖了培训内容、培训对象和培训方式等多个方面。培训内容根据应急管理的实际需要设计,包括应急管理法律法规、应急响应流程、应急救援技能、风险评估、灾害预防等。培训对象不仅包括政府应急管理人员,还包括企业员工、社区工作者、学校师生以及广大公众。培训方式多样化,包括线上培训、线下讲座、研讨会、工作坊等。线上培训利用网络平台,提供灵活的学习时间和空间,便于更多人参与。线下培训通过面对面的交流和实践操作,提高培训的互动性和实效性。

北京市定期组织开展各类应急演练,以检验和提升应急响应能力。演练多围绕高频风险场景,涵盖自然灾害、事故灾难、公共卫生、社会安全等。例如,每年汛期开展城市内涝联合排险演练、重大活动交通应急疏导演练、传染疾病医疗资源调配演练等。演练注重多个部门协同联动,整合消防、医疗、交通、公安等多个单位跨部门协作,模拟突发事件从预警、响应、处置到善后的全要素和全流程,提高实战应急响应的协调性和整体性。

通过培训,应急管理人员能够掌握必要的应急管理知识和技能,提高应对突发事件的专业能力,公众能够增强应急意识,学会基本的自救互救技能,提高自我保护能力。同时,应急演练通过模拟真实场景,可以使应急管理人员和公众在实战中检验和提升应急处置能力。演练过程中发现的问题和不足可被及时反馈到培训和预案修订中,从而形成闭环管理,不断提升应急管理水平。培训与演练还有助于提高社会对应急管理的关注度和参与度。公众通过参与演练,增强了对应急管理的理解和支持,形成了全社会共同参与应急管理的良好氛围。

九、评估与改进机制

北京市应急管理评估与改进机制旨在通过系统化的评估和持续改进,提升应急管理工作的科学性和有效性。

北京市通过《北京市安全生产应急救援队伍建设管理办法》加强应急救援队伍的建设和管理,提升应对突发事件的能力。在评估与改进机制的运作中,北京市注重综合防范和社会响应,强化基层应急能力建设,通过风险评估、隐患排查、应急演练等措施,实现从事后应急处置到综合应急管理的转变。

此外,北京市还通过社区韧性评价导则,对社区的应急管理能力进行评估,及时发现和改进应急管理中的不足,提升社区的整体韧性。北京市的应急管理评估与改进机制通过科学评估、系统管理和持续改进,全面提升了应急管理工作的水平和效果。

第四节 应急管理法制

在法治建设上,北京出台了应急值守、突发事件应急指挥与处置等方面的规范性文件,为专业志愿服务发展提供了政策机遇。

一、法律法规体系

北京市应急管理的法律法规体系包括国家层面的法律法规,以及北京市自行制定的地方性法规和政府规章。这些法律法规为北京市的应急管理工作提供了坚实的法律基础。

国家层面的法律法规主要包括《中华人民共和国突发事件应对法》、《中华人民共和国安全生产法》和《生产安全事故应急条例》等。这些法律法规为北京市的应急管理工作提供了基本的法律框架和指导原则。北京市自行制定的地方性法规和政府规章主要包括《北京市突发事件应急预案管理办法》和《北京市安全生产应急救援队伍建设管理办法》等。这些地方性法规和政府规章结合北京市的实际情况,对应急管理工作进行了具体的规定和要求。北京市的应急管理法律法规覆盖了应急管理的各个方面,包括应急预案的制订和实施、应急救援队伍的建设和管理、应急演练的开展、应急物资的储备和保障等。

《北京市突发事件应急预案管理办法》规定了应急预案的规划、编制、审批、发布、备案、培训、宣传、演练、评估、修订和信息化管理等方面的内容,确保应急预案的针对性和实用性[①]。《北京市安全生产应急救援队伍建设管理办法》对应急救援队伍的建设和管理进行了详细规定,明确了应急救援队伍的组建、日常管理、培训演练等方面的要求,以提升应对突发事件的能力。北京市还制定了《北京市应急管理轻微违法行为依法不予行政处罚事项清单》和《北京市安全生产行政处罚裁量权基准》等文件,明确了应急演练和培训的具体要求和标准,确保了应急管理的各项工作有序进行。

北京市的应急管理法律法规体系在实施过程中取得了显著效果。应急预案的针对性和实用性得到了增强,应急响应的速度和效率得到了提高,应急救援队伍的建设和管理得到了加强,应急演练和培训的效果也得到了提升。尽管北京市的应急管理法律法规体系较为完善,但在实际操作中仍存在一些空白、冲突或不足之处。例如,部分法律法规的覆盖范围不够全面,存在一些管理上的漏洞;部分法律法规之间的协调性不足,存在一定的冲突;部分法律法规的实施效果有待进一步评估和改进。

二、法治实施机制

北京市应急管理的法治实施机制涵盖了执法机构、执法队伍和执法程序等多个方面。执法机构主要包括北京市应急管理局以及其他相关部门,如公安、消防、卫生、交通等部门,它们共同构成了北京市应急管理的执法体系。执法队伍由专业的应急管理人员组成,他们经过严格的培训和考核,具备相应的法律知识和专业技能。执法程序包括从日常监管、隐患排查、事故调查到行政处罚、强制措施等一系列环节。这些程序旨在确保应急管理法律法规得到有效执行,同时保障公众的合法权益。

---

① 闪淳昌."全灾种、大应急"背景下看《北京市突发事件应急指挥与处置管理办法》的出台[J].城市与减灾,2020(1):20-21.

在具体实践中,北京市应急管理执法活动包括执法检查、行政处罚和强制措施等[①]。执法检查是日常监管的重要手段,通过对企业、单位和公共场所的定期检查,及时发现和消除安全隐患。行政处罚是对违反应急管理法律法规的行为进行的法律制裁,包括警告、罚款、责令停产停业整顿等。强制措施是在紧急情况下,为了保障公共安全和减少事故损失,依法采取的强制性手段,如强制疏散、强制隔离、强制拆除等。这些措施在确保应急处置的有效性方面发挥着重要作用。

三、法治监督机制

北京市应急管理局是北京市应急管理工作的主要监督机构,负责组织、协调、指导和监督全市的应急管理工作。根据《北京市应急管理局2022年法治政府建设年度情况报告》,北京市应急管理局在市委、市政府的坚强领导下,围绕建设法治中国首善之区的总目标,全面建设职能科学、权责法定、执法严明、公开公正、智能高效、廉洁诚信、人民满意的法治政府。

北京市应急管理的法治监督机制通过多种方式进行监督,包括立法制标、行政监管执法、法治宣传及普法实践等。例如,东城区应急管理局通过完善依法行政制度,加强普法宣传和实践,切实提高了应急管理系统的法治化水平。此外,北京市应急管理局还制订了《北京市安全生产条例》的修订草案,推动了《北京市实施〈中华人民共和国突发事件应对法〉办法》的修订,并在重点领域和关键环节推进了标准的修订。

北京市应急管理的法治监督机制涵盖了应急管理的各个方面,包括应急预案管理、应急救援队伍建设、应急演练和培训等。此外,北京市还加强了对危险化学品企业、非煤矿山企业等的安全监管,制定了相应的安全生产信用评价标准。

社会公众和媒体在北京市应急管理法治监督中发挥着重要作用。根据《关

---

① https://yjglj.beijing.gov.cn/col/col2492/。

于进一步加强应急管理社会动员能力建设的指导意见》,北京市通过健全应急管理社会动员体系,完善配套机制,动员引领社会力量积极参与应急管理工作,筑牢防灾减灾救灾的人民防线。此外,北京市广播电视局、北京市公安局等部门也联合印发了《关于加快推动北京市应急广播建设的实施意见(2023年—2025年)》,旨在加快建设新时代首都应急广播体系,提高防灾减灾救灾和重大公共安全处置保障能力。

四、法治保障机制

北京市应急管理的法治保障机制在近年来取得了显著进展。

1. 法律援助

在法律援助方面,建立了完善的应急法律援助体系,整合了律师事务所、法律援助中心等资源,组建了应急法律援助团队。当突发事件发生后,该团队迅速为受灾群众、参与救援的志愿者及相关企业提供免费法律咨询服务,帮助他们解决在应急处置过程中遇到的法律问题,如责任认定、赔偿纠纷等。在一些自然灾害后的恢复重建阶段,法律援助团队积极介入,为受灾群众解读保险理赔、房屋重建审批等相关法律政策,使群众的合法权益得到保障。

司法救济渠道畅通。法院设立应急管理案件专门受理窗口,并简化立案程序,对涉及应急管理的案件实行优先审理。在公共卫生事件发生期间,对于因疫情防控措施引发的合同纠纷、劳动争议等案件,法院快速立案、公正裁决,及时化解社会矛盾。责任追究机制严格,明确了各级政府、部门及相关责任人在应急管理中的职责,对在突发事件应对中存在的失职、渎职行为依法依规严肃查处。在安全生产事故领域,一旦发生重大事故,应急管理部门就立即启动责任调查程序,依据法律法规对企业负责人、监管部门相关人员进行责任认定与追究,起到了强大的震慑作用。

2. 普法宣传教育

在普法宣传教育方面,宣传内容涵盖《中华人民共和国突发事件应对法》

《北京市实施〈中华人民共和国突发事件应对法〉办法》等核心法律法规,以及安全生产、消防安全、公共卫生安全等专项法律知识。宣传方式多元创新,利用官方网站、微博、微信公众号等新媒体平台开设应急法治专栏,定期发布法律解读文章、案例分析视频等;制作应急法律知识宣传手册、海报,在社区、学校、企业、公共场所广泛发放与张贴;开展应急法律知识进社区、进学校、进企业等线下活动,举办法律讲座、知识竞赛、模拟法庭等,提高公众参与度。宣传对象广泛,包括各级政府部门工作人员、企业经营管理者、社区居民、师生等社会各界人士。

持续深入的普法宣传教育使公众对应急法律知识的知晓率大幅提高,在日常生活中更加注重安全防范,也更明确自身的法律责任。例如:社区居民在面对小区消防通道堵塞问题时,能够主动依据相关法律向物业反映并要求整改;企业在生产经营中自觉加强安全生产管理,依法依规制订应急预案。

3. 法治队伍建设

北京市应急管理法治队伍建设稳步发展,队伍规模不断扩大,吸引了一批具有法律专业背景、应急管理经验的人才加入。人员素质逐步提升,通过严格的入职选拔与持续培训教育机制,确保法治工作人员具备扎实的法律知识、丰富的应急管理实践经验与良好的职业道德。在培训教育方面,应急管理部门定期组织法治培训课程,邀请知名法学专家、应急管理资深专家授课,内容涉及应急管理法律法规最新解读、执法程序规范、典型案例分析等。同时,应急管理部门开展执法实践交流活动,促进不同区域、部门间法治工作人员相互学习借鉴,提升执法水平。在执法能力方面,法治队伍严格规范执法程序,熟练运用法律武器开展安全生产监管、自然灾害防治、公共卫生监督等执法工作。在危险化学品企业执法检查中,依据相关法律法规,对企业的生产许可、安全设施配备、应急预案执行等情况进行细致检查,对发现的违法行为依法进行严肃查处,有力地维护了应急管理法律的尊严。在监督方面,应急管理部门建立健全内部监督与外部监督相结合的机制,加强对执法行为的全过程监督,确保公正执法、廉洁执法。在保障方面,法治队伍积极参与应急管理政策法规的制定,为应急管理工作提供法律专业意见,保障应急管理决策的合法性与科学性。

法治队伍建设在推动应急管理法治化进程中发挥着基础性作用。法治队伍专业执法保障了应急管理法律法规的有效实施,规范了社会各界在应急管理中的行为;监督机制确保了权力在阳光下运行,增强了公众对应急管理执法的信任;法治队伍积极参与决策为应急管理工作奠定了坚实的法治基础,促进了应急管理工作的规范化、制度化与法治化发展,有力保障了北京市应急管理体系的高效运行与城市的安全稳定。

第四章
北京志愿服务参与应急管理的分析

第一节 北京志愿服务参与应急管理的典型模式

一、平台整合模式

在北京志愿服务深度参与应急管理的进程中,"志愿北京"信息平台发挥着枢纽作用,成为全市应急志愿服务项目信息化管理的核心依托。平台整合模式旨在将分散的应急志愿服务资源进行系统梳理与高效汇聚,通过信息化手段打破地域、部门与组织间的壁垒,实现应急志愿服务的精准对接、科学调度与规范管理,进而提升北京在应对各类突发事件时志愿服务的效能与质量,为城市安全稳定运行打下坚实的基础。

2012年7月21日,北京市遭遇了新中国成立以来最大的一次暴雨(被称为"7·21"特大暴雨灾害)。这次暴雨不仅导致北京市区大量积水,还引发了山洪、泥石流等次生灾害,严重影响了市民的正常生活,破坏了社会秩序。在"7·21"特大暴雨灾害中,北京市的降雨量达到了历史最高水平,城区平均降雨量达到215毫米,石景山模式口降雨量高达328毫米,创下了百年一遇的纪录。暴雨导致拒马河、北运河等河流形成洪峰,市内主要道路出现63处积水,发生路面塌方、房屋倒塌、交通瘫痪、群众受困等情况。全市受灾人口达到190万人,经济损失高达百亿元。

在暴雨灾害发生后,北京市应急志愿服务平台迅速启动了应急响应机制,通过"志愿北京"信息平台广泛招募志愿者。招募条件为身体健康、具备基本的救援知识和服务能力。志愿者主要通过线上报名,经过审核后进行任务分配。平台根据志愿者的专业技能和所在地进行合理调配,确保志愿服务的高效性和针对性。在暴雨灾害期间,志愿者参与了多种形式的服务活动。例如:在社区开展防洪宣传,帮助居民了解灾情动态和防护措施;在医疗机构提供导诊和陪护服务,减轻医护人员的工作压力;在受灾区域进行物资配送和心理疏导,帮助受灾人员渡过难关。为了保障志愿者的服务质量,平台为其提供了全面的培训和支持。培训内容包括防洪知识、个人防护、心理辅导等。此外,平台还为志愿者提供了必要的防护装备和物资保障,确保他们在服务过程中的人身安全。

北京市应急志愿服务的平台整合模式在暴雨灾害中发挥了重要作用。首先,志愿者的积极参与大大缓解了救援资源的紧张状况,提高了救援效率。其次,广泛的社会动员增强了市民的防洪意识,减少了灾害损失。最后,志愿者的无私奉献和专业精神为全市的灾后重建工作提供了有力支撑,展现了北京市志愿服务的强大力量和高效应急管理体系的优势。

1. 表现形式

"志愿北京"信息平台构建了便捷直观的应急志愿服务项目信息发布模块。各应急管理部门、社会组织及企事业单位依据实际需求,在平台上发布应急志愿服务项目的名称、简介、服务内容、时间要求、地点信息以及所需志愿者的技能与数量等关键信息[①]。例如:在大型公共活动期间,活动主办方会在平台上发布安保辅助、人群引导、信息咨询等志愿服务岗位信息;在自然灾害频发季节,相关部门会在平台上发布灾害预警宣传、应急物资搬运、受灾群众安置帮扶等项目招募信息。志愿者通过平台注册登录后,可根据自身兴趣、技能与时间安

---

① 李婷婷,常健.社区突发公共事件中的应急志愿服务:组织与管理模式[J].学习论坛,2023(2):90-97.

排,在平台上浏览筛选适合自己的项目,并在线提交报名申请。

平台建立了庞大且精细的志愿者信息管理数据库,该数据库涵盖志愿者的个人基本信息(如姓名、年龄、性别、联系方式等)、教育背景、职业经历、专业技能(如医疗急救、心理咨询、语言翻译、工程救援等)、志愿服务经历与培训记录等数据字段。通过对这些信息的分类存储与动态更新,平台能够精准掌握志愿者资源状况,为应急志愿服务项目的人员调配提供有力的数据支撑。例如,在突发公共卫生事件中,平台可迅速筛选出具有医学背景且参加过防疫培训的志愿者名单,并将其及时推送给卫生健康部门,以满足疫情防控一线对专业志愿服务力量的紧急需求。

为提升应急志愿者的专业素养与服务能力,平台设置了专门的培训与交流板块。一方面,整合各类应急培训资源,包括线上课程、线下讲座、视频教程等,内容涵盖突发事件应对基础知识、专业救援技能、心理调适方法、法律法规等多个领域,志愿者可根据自身需求自主选择学习,平台记录学习进度与考核结果,并生成个人培训档案。另一方面,搭建志愿者交流互动社区,便于志愿者分享服务经验、交流心得感悟、探讨问题解决方案,促进志愿者之间的知识共享与情感交流,营造良好的志愿服务文化氛围。例如,在地震救援志愿服务培训后,志愿者在交流板块分享模拟演练中的操作技巧与团队协作经验,共同提升地震应急救援能力。

平台设计了完善的应急志愿服务记录与评价体系,对志愿者参与的每一次服务活动都进行详细记录,包括服务时间、服务内容、服务表现等信息,并生成志愿者个人服务档案,该档案作为志愿者激励表彰与个人信用评价的重要依据。同时,项目发布方与服务对象可在服务结束后对志愿者的表现进行评价反馈,评价内容涉及志愿者的工作态度、专业技能、团队协作能力等多个维度,平台对评价数据进行统计分析,既为志愿者的自我提升提供方向指引,也为后续项目的人员选拔提供参考借鉴。例如,在某次火灾救援志愿服务后,消防部门对协助疏散群众的志愿者进行评价,指出其在沟通引导方面的优点与不足,志愿者可根据反馈有针对性地进行自我提升,以便在后续服务中更好地发挥作用。

2. 具体特征

(1) 全面性与综合性

"志愿北京"信息平台整合了北京市的各类应急志愿服务资源,覆盖自然灾害、事故灾难、公共卫生事件、社会安全事件等多个应急领域,以及社区、学校、企业、机关等不同层面的志愿服务组织与志愿者个体[①]。无论是大型应急救援行动所需的专业志愿服务团队,还是社区日常防灾减灾宣传教育所需的普通志愿者,都能在平台上找到相应的位置与角色,这体现了平台在资源整合上的全面性与综合性,能够满足城市应急管理多样化、多层次的志愿服务需求。

(2) 信息化与数字化

平台充分运用现代信息技术,实现应急志愿服务项目从发布、招募、报名、培训、执行到评价反馈的全流程数字化管理。通过大数据、云计算等技术手段,可对海量的志愿者信息与项目信息进行高效存储、快速分析与精准匹配,极大地提高了志愿服务管理的效率与科学性。例如,利用大数据分析功能,平台可根据历史志愿服务数据预测不同类型突发事件所需的志愿者数量与技能分布,提前做好资源储备与调配规划,提升应急响应的及时性与精准性。

(3) 动态性与实时性

平台上的应急志愿服务信息处于动态更新状态,能够实时反映城市应急管理需求的变化与志愿服务资源的动态调整。项目发布方可根据突发事件的发展态势及时调整项目内容、服务时间与人员需求;志愿者也可随时更新个人信息、技能状况与服务意向,确保平台上的信息始终保持准确性与时效性。在突发事件应急处置过程中,平台能够实时跟踪志愿服务进展情况,及时反馈问题与需求,实现应急管理部门、志愿服务组织与志愿者之间的实时沟通与协调,保障志愿服务工作的顺利开展。

(4) 开放性与互动性

"志愿北京"信息平台具有较强的开放性,允许各类合法合规的应急管理主体与志愿服务组织在平台上发布项目信息,吸引广大市民积极参与应急志愿服

---

① 张青青.应急社会工作介入社区应急志愿组织培育的探索研究[D].成都:西华大学,2022.

务。同时,平台注重用户之间的互动交流,通过培训交流板块、评价反馈机制等,鼓励志愿者、项目发布方与服务对象之间相互沟通、相互学习、相互监督,形成良好的互动生态,促进应急志愿服务质量的不断提升与志愿服务事业的健康发展。

3. 优势与劣势

(1) 优势

① 资源整合高效:平台将分散在各处的应急志愿服务资源集中起来,实现了资源的优化配置。通过信息化管理,平台能够快速精准地匹配项目需求与志愿者供给,避免资源闲置与浪费,提高应急志愿服务的整体效能。例如,在应对突发暴雨洪涝灾害时,平台可迅速整合来自不同区域、不同组织的志愿者力量,并将其统一调配到受灾严重的地区进行抢险救援、物资分发与群众安置等工作,形成强大的应急救援合力。

② 管理便捷规范:全流程的数字化管理使得应急志愿服务项目的管理更加便捷、规范与透明。项目发布、人员招募、服务记录、评价反馈等环节均在平台上留下清晰的痕迹,便于应急管理部门与志愿服务组织进行实时监控与数据分析,及时发现问题并进行调整优化。同时,规范的管理流程也有助于提升志愿者的组织纪律性与服务质量,保障应急志愿服务活动的有序开展。

③ 提升应急响应速度:依托自身的实时性与动态性特征,在突发事件发生时,平台能够迅速启动应急响应机制,第一时间发布志愿服务项目信息,快速完成志愿者招募、培训与调配,大大缩短了应急志愿服务的筹备时间,提高了应急响应速度,为突发事件的早期处置争取宝贵的时间窗口。例如,在新冠疫情暴发初期,平台迅速发布疫情防控志愿服务项目,大量志愿者在短时间内集结到位,协助社区开展体温检测、物资配送、信息登记等工作,有效缓解了疫情防控初期的人员压力,助力疫情防控工作的顺利开展。

④ 激发公众参与积极性:平台的开放性与互动性为广大市民提供了便捷的参与渠道,激发了公众参与应急志愿服务的积极性与热情。平台通过展示丰富多彩的志愿服务项目与志愿者风采,吸引了更多人关注应急管理事业,增强了公众的社会责任感与应急意识,营造了全社会共同参与应急管理的良好氛围。

例如,许多市民在看到平台上发布的应急救援项目后,主动报名参加相关培训,成为应急志愿服务队伍中的一员,为城市安全贡献自己的力量。

(2) 劣势

① 信息真实性与可靠性问题:尽管平台采取了一定的审核措施,但由于信息发布主体众多,因此仍难以保证所有项目信息与志愿者信息的真实性与可靠性。部分项目发布方可能存在夸大项目需求或隐瞒潜在风险的情况,一些志愿者也可能虚报个人技能与服务经历,这给志愿服务的精准匹配与安全保障带来一定的隐患。例如,在一些专业性较强的应急救援项目中,如果志愿者虚报专业技能,则可能在实际服务中无法胜任工作,甚至影响救援效果并危及自身安全。

② 数据安全与隐私保护挑战:平台存储了大量的志愿者个人敏感信息与应急管理相关数据,面临着严峻的数据安全与隐私保护挑战。一旦平台遭受黑客攻击或出现数据泄露事件,就将对志愿者的个人权益造成严重损害,同时也可能影响应急管理工作的正常开展。例如,若志愿者的联系方式、家庭住址等信息泄露,志愿者可能会遭受骚扰或诈骗,导致其对平台失去信任,进而影响应急志愿服务事业的发展。

③ 对线下服务的支持有限:虽然平台在项目信息管理与人员调配方面发挥了重要作用,但对应急志愿服务线下执行环节的支持能力相对有限。在复杂多变的突发事件现场,可能会出现通信中断、网络不畅等情况,导致平台无法及时有效地对志愿者进行指挥调度。此外,平台难以对志愿者的线下服务过程进行全面细致的监督与管理,个别志愿者可能会出现违反服务纪律或操作规程的情况,影响志愿服务的质量与形象。

④ 技术依赖与适应性问题:平台的高效运行高度依赖现代信息技术,一旦出现技术故障、系统升级或网络环境变化等情况,就会导致平台暂时无法正常使用或部分功能受限,影响应急志愿服务项目的正常开展。同时,一些年龄较大或不熟悉信息技术的志愿者与项目发布方可能会在平台操作上存在一定的困难,降低了平台的适用性与普及程度。例如,对于一些偏远地区的志愿者或老年志愿者群体,由于网络信号不稳定或手机、计算机操作不熟练,他们可能无

法及时获取平台上的项目信息或完成报名流程,进而影响了他们参与应急志愿服务的积极性与便利性。

二、专业引领模式

专业引领模式是指通过整合具备医学、救援、心理、通信等专业技能的志愿者资源,构建标准化、规范化的应急志愿服务体系,以科学化手段提升应急响应效率与质量的一种模式。该模式强调"平时储备＋战时调用"的动态管理机制,通过专业培训、资质认证和科技赋能,实现志愿服务从人力密集型向技术密集型转型。北京作为超大型城市,依托其丰富的专业资源与组织优势,形成了"政府主导、专业支撑、社会协同"的应急志愿服务专业引领模式。

2020年年初,新冠疫情暴发后,北京市120急救中心面临巨大压力:确诊病例转运需求激增,而一线医护人员因感染风险高、防护物资紧缺而超负荷运转。为破解难题,北京市红十字会联合卫生健康部门于2020年2月启动"120应急志愿服务队"项目,首次将专业医疗志愿者纳入公共卫生应急体系。招募对象限定为持有执业医师/护士资格证、具备3年以上临床经验者,优先录取有ICU、传染病科工作经验者。该项目采用"线上理论＋实操考核"模式,设置培训内容为防护装备穿脱、负压救护车操作、危重患者急救等,最终从2 000余名报名者中筛选出300名核心队员。该项目制定《新冠患者转运SOP手册》,明确"一人一车一消杀"原则,志愿者需通过防护服穿脱、呕吐物处理等18项实操考核。该项目引入北斗定位系统,实时监控车辆轨迹与舱内环境数据,确保转运路径最优、消毒流程可控。每辆救护车配备1名医生、1名护士及1名驾驶员,车内搭载呼吸机、心电监护仪等设备,可进行气管插管、电除颤等操作。该项目建立"前方急救-后方专家"远程会诊机制,通过5G网络实时传输患者生命体征数据至定点医院,提前制订救治方案。志愿者团队累计转运确诊患者1.2万人次,平均响应时间缩短至12分钟(疫情前为25分钟),院前急救成功率提高至98％。通过专业化操作,实现了志愿者"零感染"、患者"零交叉感染",相关经验被纳入国家《新型冠状病毒防控指南(第一版)》。该项目推动北京市出台了《北京市应急医疗志愿服务管理办法》,明确了专业资质认证、保险保障、激励回馈等制度,形成了可复制的"平战结合"模式。"120应急志愿服务队"项目揭示了专业引领模式的核心价值,专业志愿者弥补了政府应急力量的专业缺口,尤其在医疗、化工等高风险领域;通过制度化认证将民间专业力量纳入官方体系,实现了"平时储备、战时调用";数字化工具提升了响应精准度,为专业决策提供了数据支撑。该模式已延伸至北京其他应急场景,如朝阳区科技应急志愿者联盟利用无人机测绘洪涝灾情、蓝天救援队开展地震废墟专业搜救等,进一步验证了专业引领模式在复杂应急场景中的普适性。

1. 表现形式

1)专业培训体系

(1)多样化的课程设置

① 应急救援技能培训:包括心肺复苏术、海姆立克急救法、止血包扎、骨折固定、担架搬运等基本急救技能的培训课程。

② 消防安全培训:涵盖火灾预防知识、消防器材(如灭火器、消火栓等)的正确使用、火灾逃生技巧等内容。志愿者在模拟火灾场景中,学习如何识别火灾隐患、如何正确使用消防器材进行灭火以及如何组织人员疏散逃生,提高应对火灾事故的能力。

③ 公共卫生应急培训:针对传染病防控、食品安全事故处理、突发环境事件应对等方面开展培训。在传染病防控培训中,志愿者学习传染病的传播途径、防护措施(如正确佩戴口罩、手套,穿脱防护服等)、疫情监测与报告流程等知识,以便在公共卫生事件发生时能够协助专业人员进行疫情防控工作,如社区体温检测点的值守、防疫物资的分发等。

④ 应急通信与信息技术培训:教志愿者使用对讲机、应急指挥平台等通信工具,以及如何在紧急情况下通过社交媒体、短信等方式快速、准确地传递信息,确保信息畅通,提高应急响应的协同性和效率。

(2)分层级的培训架构

① 基础入门培训:面向新加入的志愿者,主要介绍应急管理的基本概念、志愿服务的职责与义务、各类常见突发事件的基本知识以及简单的自救互救

技能。

② 中级技能提升培训：针对有一定应急服务经验的志愿者，进一步深化专业知识和技能的培训。例如，在急救培训方面，增加复杂伤情的处理方法、多人协作救援技巧等内容；在消防安全培训中，学习火灾现场的组织指挥、消防水带的铺设与使用等高级技能。

③ 高级专业培训：为骨干志愿者设计，着重培养其应急管理的领导能力和综合协调能力。培训内容包括大规模突发事件的应急预案制订与实施、多部门协同作战的组织协调等方面。

（3）多元化的培训方式

① 课堂讲授：由专业教师或专家采用幻灯片演示、视频播放、实物讲解等方式，向志愿者系统地传授应急管理知识和技能。这种方式适用于理论性较强的内容，如应急管理法律法规、突发事件的分类与特点等。

② 现场实操：在模拟的应急场景中，如火灾现场、地震废墟、急救演练场地等，让志愿者亲自实践所学的应急技能。通过实际操作，志愿者能够更加直观地掌握技能要领，提高实际操作能力和应对突发事件的信心。

③ 在线学习平台：利用网络资源，搭建在线学习平台，为志愿者提供随时随地学习的机会。平台上有丰富的学习资料，包括电子书籍、教学视频、在线测试等，志愿者可以根据自己的时间和学习进度进行自主学习，并通过在线交流论坛与其他志愿者分享学习心得和经验，实现知识的共享和互动。

④ 实地观摩与交流：组织志愿者到专业的应急救援机构、消防部门、医院等单位进行实地观摩学习，了解专业救援队伍的工作流程、装备配备和应急处置方法。同时，邀请这些专业机构的工作人员与志愿者进行交流和互动，解答志愿者在学习和实践中遇到的问题，拓宽志愿者的视野和思路。

2）应急演练活动

（1）模拟真实场景演练

① 自然灾害演练：模拟地震、洪水、台风等自然灾害场景，设置房屋倒塌、道路损毁、人员被困等情况。志愿者在演练中承担救援被困人员、搭建临时避难场所、分发救灾物资、安抚受灾群众情绪等任务，通过实际操作掌握在自然灾害

发生时的应急处置流程和方法,提高应对自然灾害的能力。

② 事故灾难演练:针对火灾事故、交通事故、危险化学品泄漏等事故灾难,组织志愿者参与灭火、现场警戒、伤员救援、交通疏导、环境监测等环节的演练。例如,在火灾事故演练中,志愿者按照应急预案,迅速组织周边群众疏散逃生,协助消防队员进行灭火作业,同时做好现场的秩序维护和后勤保障工作,确保演练的真实性和有效性。

③ 公共卫生事件演练:模拟传染病疫情暴发、食品安全事故等公共卫生事件,志愿者参与疫情排查、隔离管控、疫苗接种组织、信息宣传等工作。通过演练,检验志愿者在公共卫生事件中的应急响应能力和协同配合能力,提高公共卫生应急管理水平。

(2)全流程演练环节

① 预警与信息报告:演练中模拟突发事件的发生,志愿者学习如何通过观察、监测等手段及时发现异常情况,并按照规定的程序和渠道向相关部门报告突发事件的信息,包括事件的类型、发生地点、影响范围、人员伤亡情况等,确保信息的准确性和及时性,为后续的应急响应提供有力支持。

② 应急响应启动:在接到突发事件报告后,立即启动应急指挥中心工作,志愿者协助制订应急响应方案,组织调配应急救援力量和物资,明确各救援小组的职责和任务,确保应急响应工作迅速、有序地开展。

③ 现场救援处置:志愿者根据应急预案的要求,迅速到达事发现场,开展救援工作。在现场救援过程中,他们需要与其他救援力量(如专业救援队伍以及公安、医疗等部门人员)密切配合,协同作战,完成救援任务[①]。例如,在地震救援演练中,志愿者与消防队员一起搜索被困人员,利用担架将伤者转移至安全地带,并配合医护人员进行现场急救处理。

④ 后期恢复与重建:在突发事件得到初步控制后,志愿者参与受灾地区的清理、消毒、物资补充等后期恢复工作,帮助受灾群众尽快恢复正常的生产生活秩序。同时,志愿者还会对整个应急处置过程进行总结和评估,提出改进意见

---

① 林子义.公众参与应急志愿服务的动机和激励路径研究[D].北京:北京邮电大学,2024.

和建议,为今后的应急管理工作提供参考。

(3) 跨区域、跨部门协同演练

① 跨区域协同演练:针对一些影响范围可能较大的突发事件,如区域性的自然灾害、重大传染病疫情等,组织不同区域的志愿者团队进行协同演练。通过演练,加强区域之间的信息沟通、资源共享和救援力量的协调配合,提高应对跨区域突发事件的能力。例如,在京津冀地区联合开展的洪水灾害应急演练中,三地的志愿者团队共同参与救援行动,实现了区域间的协同作战和资源优化配置。

② 跨部门协同演练:邀请应急管理、公安、消防、医疗、交通路政、民政等多个部门与志愿者共同参与演练,检验突发事件发生后的多部门协同应对机制。志愿者在演练中与各部门密切配合,明确各自的职责和任务,提高了与政府部门之间的协同作战能力,形成了应急管理合力。例如,在一次交通事故应急演练中,志愿者与交警、医护人员、交通路政部门工作人员等共同开展救援工作,交警负责现场交通管制,医护人员负责对伤者进行紧急救治,志愿者协助搬运伤者、安抚家属情绪,并配合路政部门清理事故现场,确保道路尽快恢复畅通。

2. 具体特征

(1) 科学性与专业性

专业引领模式以科学的应急管理理论和专业知识为基础,培训内容和演练方案均由相关领域的专家学者、资深从业人员根据行业标准和实际经验精心设计和制订。无论是急救技能、消防安全还是公共卫生应急等方面的培训,都遵循科学的操作规范和流程,确保志愿者所学的知识和技能准确、可靠、实用。例如,在急救培训中,严格按照国际心肺复苏指南给出的标准开展教学,使志愿者掌握正确的按压频率、深度和呼吸比例,以提高急救的成功率。

(2) 系统性与连贯性

从志愿者的招募、选拔到培训、演练,再到实际参与应急管理服务,专业引领模式形成了一个完整的系统。培训内容和演练项目按照从基础到高级、从理论到实践、从单一技能到综合能力的顺序逐步推进,具有很强的连贯性。志愿者在这个系统中,能够逐步积累知识和经验,不断提升自己的应急服务能力。

例如,志愿者首先接受应急管理基础知识和基本技能的培训,然后通过参加各类应急演练,将所学知识和技能应用于实际场景中,在实践中发现问题并加以改进,进而参加更高级别的培训和更复杂的演练,形成良性循环,不断提高自身的综合素质和应急处置能力。

(3) 动态性与适应性

应急管理面临的情况复杂多变,突发事件的类型、特点和影响程度各不相同。专业引领模式能够根据实际情况的变化及时调整培训内容和演练重点,具有很强的动态性和适应性[①]。例如,在新冠疫情暴发后,志愿服务组织迅速将培训重点转向公共卫生应急领域,增加了疫情防控知识、个人防护技能、社区防控措施等方面的培训内容,并组织了大量的疫情防控演练,使志愿者能够及时掌握应对疫情的知识和技能,适应疫情防控的应急需求。同时,通过对每次突发事件的总结和分析,不断完善培训和演练体系,使其更加符合实际应急管理的需要。

(4) 全员参与性与普及性

专业引领模式不仅注重培养少数骨干志愿者的专业能力,还强调全体志愿者的参与和提升。通过广泛的宣传和动员,吸引更多的志愿者加入应急管理服务中来,并为不同层级、不同背景的志愿者提供相应的培训和演练机会,使应急管理知识和技能在志愿者群体中得到广泛普及。这种全员参与的特点有助于营造全社会共同关注应急管理、积极参与应急服务的良好氛围,提高公众的应急意识和自救互救能力。

3. 优势与劣势

(1) 优势

首先,通过专业培训和演练,志愿者的应急服务质量得到显著提升。在实际应急事件中,志愿者能够更加专业、高效地协助政府和专业救援队伍开展工作,减少因其操作不当或能力不足导致的救援延误或二次伤害等问题。例如,

---

① 陈慧,施乃溪."青"尽全力在服务首都应急事业中勇担当[N].中国应急管理报,2023-08-31(003).

在某起火灾事故中,经过专业消防培训的志愿者能够正确使用灭火器进行初期灭火,并协助疏散居民,有效减少了火灾造成的损失。其次,专业引领模式有助于形成标准化、规范化的志愿者应急服务流程。志愿者在统一的培训和演练体系下,掌握了统一的应急处置方法和流程,便于在不同区域、不同类型的应急事件中进行协同作业,提高了应急管理的整体效率。最后,专业引领模式能够增强志愿者的自我认同感和责任感。志愿者经过专业培训后,意识到自己能够在应急事件中发挥重要作用,会更加积极主动地参与到应急服务中,形成良好的志愿服务氛围和文化。

(2) 劣势

一方面,专业培训和应急演练的组织成本较高。其需要邀请专业的讲师、准备专业的培训设备并提供场地,还要准备模拟真实场景所需的物资等,这对资金和资源的投入要求较高。一些小型的志愿者组织或基层社区志愿者团队可能难以承担如此高昂的成本,导致培训和演练的质量和频次受到影响[①]。另一方面,存在培训与实际需求脱节的风险。由于突发事件具有多样性和复杂性,因此培训内容可能无法完全覆盖所有可能发生的情况。此外,在实际应急事件中,现场情况往往瞬息万变,志愿者可能会因为培训内容的局限性而在面对新问题时不知所措。此外,部分志愿者可能由于时间、精力等原因,无法全程参与系统的培训和演练,导致其应急能力提升不足,在实际服务中难以达到预期的专业水平。

三、联合联动模式

联合联动模式是一种跨组织、跨区域的协作机制。其核心是不同主体,如各个地区的应急志愿者组织,通过建立紧密的协作关系,整合多方资源,实现协同工作。在这种模式下,各方共享信息、技术和设备等资源,协同应对突发事件

---

① 戴军.疫情防控应急志愿服务行为影响因素研究——以合肥地区应急志愿者为例[D].合肥:合肥工业大学,2023.

或复杂的任务。在应急管理中,联合联动模式能够让不同地方的应急志愿者组织在灾害发生时迅速集结,彼此配合进行救援、物资调配等工作,实现"1+1＞2"的协同效应,提升整体应对能力和工作效率。截止到2024年,北京已与多个省市的128个应急志愿者组织建立了工作联系,通过加强联合联动,拓展思路,创新工作模式和方法。

2020年年初,新冠疫情突然暴发,迅速蔓延至全球,包括中国首都北京和湖北省武汉市。疫情初期,新冠病毒的传播速度快、传染性强,给公共卫生系统带来了巨大压力。面对突如其来的疫情,北京市社会心理工作联合会、北京博能志愿公益基金会、北京惠泽人公益发展中心等多家机构联合发起"京鄂iWill志愿者联合行动",旨在为新冠病毒感染的疫区前线社会组织和志愿者提供建制化专业志愿援助,为疫区受灾民众提供在线咨询辅导。联合行动启动后,通过线上、线下相结合的方式,迅速招募了大量志愿者。在3天时间内,陆续有1 000多名志愿者踊跃报名。为确保志愿者的有序参与和有效服务,联合行动组织者制订了有组织、有步骤的专业管理方案,确保每一位志愿者都能在合适的岗位上发挥作用。在行动中,联合行动组织者创新性地提出了"三社三师联动"的专业志愿服务模式。三社指以在地社区和社会组织为基础,通过在线社群联动社会三师(社工师、医师、心理咨询师)志愿者,为受疫情影响的居民提供在线问诊、防疫知识解答、心理疏导和生活服务支持。这一模式提升了志愿服务的专业性和效率。"京鄂iWill志愿者联合行动"带动2 400多人次志愿者投入服务中,为20 000多人次居民提供了22 028小时的线上服务。同时,该行动还开展了54场在线心理疏导等培训与辅导,累计有3万余人次听课。该行动为一线志愿者提供了岗位开发、招募动员、培训督导、监测评估等全流程专业支持,确保广大志愿者能够专业而有效地开展志愿服务。此外,该行动还通过建立抗疫专业志愿者数据库、拓宽社会力量参与社会治理创新的渠道,表彰专业志愿精神,引导更多社会专业人士参与专业志愿服务。

1. 表现形式

(1) 信息共享平台的搭建

北京的应急管理志愿服务组织与各地的合作伙伴共同建立了信息共享平

台。通过这个平台,各方能够及时交流应急事件的相关信息,包括应急事件的类型、发生地点、影响范围、紧急救援需求等。例如,在某地区发生地震灾害后,当地的应急志愿者组织迅速将地震的详细情况,如震级、受灾严重的区域、人员伤亡初步统计等信息上传至平台。北京的志愿者组织可以第一时间获取这些信息,并据此组织具备相应救援技能的志愿者队伍,筹备物资,随时待命或远程提供救援指导建议,如如何进行简易的伤员急救、搭建临时避难场所等。

(2) 跨区域联合救援行动

面对重大突发事件,联合联动模式表现为跨区域的联合救援行动。例如,当周边省市发生洪水灾害时,北京的应急志愿者组织会迅速响应,联合当地的志愿者组织,共同组成救援队伍奔赴受灾现场。在联合队伍中,擅长水上救援的专业志愿者携带冲锋舟、救生衣等专业设备,与当地熟悉地形的志愿者一起,深入受灾严重的区域,营救被困群众,转移重要物资,协助当地政府开展抢险救灾工作,保障受灾群众的生命财产安全,最大限度地减少灾害损失。

(3) 培训与交流活动的开展

为了提升志愿者的应急救援能力和专业素养,北京与各地的应急志愿者组织定期开展联合培训与交流活动。这些活动形式多样,包括线上的专业知识讲座、线下的实操演练等。例如,邀请国内知名的应急管理专家进行线上授课,讲解火灾扑救、地震避险、医疗急救等方面的最新理论知识和实践技巧,各地的志愿者通过网络平台同步学习,并进行在线交流讨论,分享各自在实际救援工作中遇到的问题及解决方法。同时,应急志愿者组织还会定期组织线下的联合演练,模拟真实的突发事件场景,如危险化学品泄漏事故,让来自不同地区的志愿者在实战演练中相互协作,优化救援流程,提升协同作战能力,促进各地志愿者之间的经验交流与技能提升。

2. 具体特征

(1) 多元化的参与主体

这一模式汇聚了不同地区、不同背景、不同专业领域的应急志愿者组织。其中:有政府主导成立的官方志愿者队伍,他们在组织协调、资源调配方面具有一定优势;有民间自发组建的各类专业救援团队,如蓝天救援队等,他们具备专业的救援技能和丰富的实践经验;还有高校的志愿者社团,学生志愿者充满活力和热情,能够在信息收集、宣传教育等方面发挥积极作用。这些多元化的主体在联合联动模式下,各自发挥优势,形成了强大的应急救援合力。

(2) 多层次的协作关系

联合联动模式建立了多层次的协作关系。从宏观层面看,北京与各省市的应急管理部门之间存在着政策指导和资源协调的协作,确保各地志愿者组织在应急响应中的行动方向一致,资源分配合理。从中观层面看,各地的志愿者组织之间建立了紧密的合作关系,包括救援任务的分工、人员的调配、物资的共享等。例如,在应对大规模的自然灾害时,根据受灾地区的实际需求,不同地区的志愿者组织分别承担救援物资运输、受灾群众安置、医疗救助等不同任务,他们相互配合,高效协作。从微观层面看,志愿者个体之间也在联合行动中实现了密切协作,在救援现场,来自不同地区的志愿者根据各自的专业技能和现场指挥的安排,有条不紊地开展救援工作,如有的负责搭建临时帐篷,有的负责分发放食品和饮用水,有的负责对受伤群众进行初步医疗处理等。

(3) 动态化的响应机制

面对突发事件的不确定性和紧急性,联合联动模式构建了动态化的响应机制。一旦发生突发事件,信息共享平台就会迅速启动,各地的应急志愿者组织能够在短时间内获取事件信息,并根据应急预案和实际情况,快速调整自己的救援计划和行动部署。例如,在疫情防控期间,随着疫情形势的变化,北京与各地的志愿者组织及时调整工作重点,从最初的防疫物资筹集和分发,到中期协助社区进行人员管控和体温检测,再到后期参与复工复产的宣传和指导,针对疫情的不同阶段和各地的实际需求,灵活调配志愿者资源,通过动态响应,持续为疫情防控工作提供支持。

3. 优势与劣势

(1) 优势

通过与多个省市的128个应急志愿者组织联合联动,北京市能够整合各地的人力、物力和财力资源。在人力方面,不同地区的志愿者具备丰富多样的专业技能和经验,如有的地区的志愿者擅长山地救援,有的地区的志愿者在城市应急救援方面具有优势,这些专业人才大大扩充了应急救援的人才库,能够满足不同类型突发事件的救援需求。在物力方面,各地的志愿者组织可以共享救援设备和物资,如大型的救援机械设备、专业的医疗检测设备、应急食品和饮用水等,避免了资源的重复配置,提高了资源的利用效率。在财力方面,北京市联合各地的志愿者组织可以争取更多的社会捐赠和政府支持资源,集中资金用于应急救援能力建设、志愿者培训等方面,增强了应急管理工作的资金保障能力。

各地应急志愿者组织在联合联动过程中,通过频繁的交流与合作,促进了经验的分享和传播。不同地区的应急志愿者组织在应对各类突发事件中积累了独特的经验。例如,沿海地区的应急志愿者组织在应对台风灾害方面有成熟的防风避险和灾后重建经验,内陆地区的应急志愿者组织在应对旱灾和地质灾害方面有自己的针对性策略。通过跨区域学习和交流,北京的应急志愿者能够借鉴其他地区的成功经验,拓宽视野,优化自己的应急救援方法和流程。此外,在联合培训和演练中,志愿者有机会接触到先进的救援技术和理念,提升自身的专业能力和应急素养,从而提高整个志愿者队伍的应急救援水平。

联合联动模式使得北京在面对突发事件时,能够更及时、全面地做出响应。当本地发生突发事件时,北京借助与外地志愿者组织的联系,可以迅速获得外部的支援。例如,在大型火灾事故中,周边省市的专业消防志愿者能够快速抵达现场,协助北京的消防力量进行灭火和救援工作,加快应急处置的速度,减少灾害损失。当其他地区发生突发事件时,北京的志愿者组织也能够及时伸出援手,充分体现了"一方有难,八方支援"的精神,增强了整个区域应对突发事件的能力,提高了应急响应的及时性和全面性,为保障人民生命财产安全和社会稳定提供了支持。

(2) 劣势

由于涉及众多地区的志愿者组织,因此在联合联动过程中,协调沟通成本较高。首先,不同地区的志愿者组织在组织架构、管理模式、工作流程等方面存在差异,这就需要花费大量的时间和精力协调各方,制订统一的行动方案和协作机制。例如,在联合救援行动中,救援任务的分配、指挥权的归属、信息报告的渠道等问题都需要反复沟通和协商,以避免出现混乱和冲突。其次,地域差异带来的沟通不便,如语言习惯、作息时间等,可能会影响信息的传递和理解效率,增加沟通成本,甚至在紧急情况下可能会因为沟通不畅而延误救援时机。

各地的应急志愿者组织在发展水平和稳定性方面存在差异。经济发达地区的志愿者组织往往拥有较为完善的组织体系、充足的资金保障和稳定的志愿者队伍,而经济欠发达地区的志愿者组织可能在人员招募、资金筹集、组织管理等方面面临较大困难,志愿者队伍的稳定性较差。在联合联动模式下,这种差异可能会导致在应急救援行动中出现部分志愿者组织响应不及时、参与程度不均衡等问题,影响整个联合行动的效果和效率。例如,在长期的应急救援工作中,稳定性较差的志愿者组织可能会因为志愿者流失、资金短缺等原因,无法持续有效地参与救援行动,给联合行动的协调和推进带来困难。

在跨区域联合联动应急志愿服务中,法律责任的界定存在一定的模糊性。当志愿者在救援过程中受伤、造成第三方损失或出现救援失误等时,由于涉及多个地区的组织和人员,责任的认定和承担主体尚不明确。不同地区的法律法规在志愿者权益保障、责任界定等方面可能存在差异,这就使得在处理这些法律问题时面临诸多困难。例如,在跨区域的地震救援行动中,志愿者在搬运救援物资时受伤,关于其医疗费用的承担、后续的赔偿等问题,由于涉及北京和受灾地区的多个志愿者组织,各方对于自身应承担的责任存在争议,缺乏明确的法律依据和责任划分标准,给志愿者的权益保障和救援行动的顺利开展带来了潜在风险。

第二节 北京志愿服务参与应急管理的表现形式

一、日常应急志愿服务

日常应急志愿服务是在非紧急状态下,为提升社会整体应急能力而开展的一系列活动。它涵盖了应急科学传播、专业培训演练、安全隐患排查、动态风险

第四章 北京志愿服务参与应急管理的分析

评估、赛会应急服务、城市运行保障等多个方面。

1. 应急科学传播

北京充分利用多种渠道与创新形式,向公众普及应急知识。应急管理部门通过与电视台合作,增加报道量,精心打造品牌专栏,以专题节目、现场报道、专家访谈等形式,深入分析各类突发事件的成因及应对方法,将抽象的知识具象化,帮助公众理解与记忆。同时,借助"互联网+"技术,社交媒体平台成为传播应急科学知识的前沿阵地。官方账号定期发布精心制作的视频教程、图文并茂的案例分析以及通俗易懂的科普文章,内容涵盖自然灾害防范、火灾逃生技巧、急救操作方法等多个领域,使公众能够随时随地获取所需信息。此外,北京还开展形式多样的线上线下活动,如科普竞赛、应急知识讲座、社区展览等,激发公众的学习兴趣与参与热情,营造全民学习应急知识的良好氛围。

2. 专业培训演练

专业救援人员与志愿者组织紧密合作,为志愿者和公众提供系统全面的培训课程。这些课程包括但不限于:

① 急救技能培训:通过指导学员反复练习心肺复苏、止血包扎、骨折固定等操作,确保其在关键时刻能够熟练运用相关技能。

② 消防知识培训:涵盖火灾预防、灭火器使用、疏散逃生方法等内容,通过实地演练与模拟火灾场景,让学员亲身体验火灾应对过程。

③ 灾难应对培训:针对不同类型的自然灾害和突发事件,传授风险识别、预警信号判断、应急响应流程等知识,提升学员的综合应对能力。

定期组织的演练活动是将理论知识转化为实践能力的重要途径。通过模拟地震、火灾、洪水等场景,检验和提升志愿者与公众的应急反应速度、协同配合能力以及现场处置能力,确保其在面对突发事件时能够冷静应对、有序行动。

3. 安全隐患排查工作

志愿者们积极参与社区、学校、商场、企业等场所的隐患排查活动,他们具备敏锐的观察力和一定的专业知识,能够发现潜在的安全问题并及时报告。在社区中,重点检查消防设施是否完好有效、疏散通道是否畅通无阻、电气线路是否存在老化或私拉乱接现象等;在学校里,对实验室危险化学品的存储与使用、体育设施的安全性、校园周边环境等进行细致排查;在商场内,关注电梯运行状况、紧急出口标识是否清晰、消防器材配备是否符合标准等问题;在企业中,针对生产设备的安全性能、操作规程的执行情况、应急预案的制订与演练等方面进行严格检查,以便及时发现并消除安全隐患,将事故风险遏制在萌芽状态。

4. 动态风险评估

志愿者与专业团队协作,收集气象数据、地理信息、人口分布数据、基础设施状况数据等多源数据,运用风险评估模型和算法,预测自然灾害、事故灾难等突发事件发生的可能性与影响范围。例如:根据北京的地形地貌和历史降水数据,评估山区泥石流、滑坡风险;结合城市交通流量、道路状况以及交通事故历史数据,分析不同路段的交通事故风险等级;针对老旧小区的建筑年代、结构类型以及消防设施配备情况,评估火灾风险程度。通过动态风险评估,为城市应急管理决策提供科学依据,使资源能够精准投放到高风险区域和关键环节,提高应急管理的针对性和有效性。

5. 赛会应急服务

志愿者经过严格筛选和专业培训,承担着现场的医疗急救、安全保卫、秩序维护、信息咨询等多项任务。在奥运会、亚运会等重大体育赛事中,医疗急救志愿者分布在各个场馆和区域,配备急救设备和药品,随时应对运动员和观众可能出现的伤病情况,确保能够在第一时间提供紧急救助;安全保卫志愿者与公安等专业力量协同,负责场馆出入口安检、巡逻防控等工作,维护现场的治安秩序,防范各类安全事件的发生;秩序维护志愿者引导观众入场、退场,维持观赛秩序,确保赛事的顺利进行;信息咨询志愿者为来自世界各地的宾客提供赛事信息、场馆导览、交通指引等服务,展现北京热情友好、文明和谐的城市形象。

6. 城市运行保障

在交通方面,志愿者在早晚高峰时段协助交警指挥交通,缓解拥堵状况,同时向市民宣传交通安全知识,倡导文明出行;在环境保护方面,志愿者参与垃圾分类宣传与监督、城市绿化保护、环境卫生清洁等活动,提升城市的生态环境质量;在公共设施维护方面,志愿者及时发现并报告路灯损坏、井盖缺失、公共座椅破损等问题,协助相关部门进行修复和维护,保障市民的生活便利。

需要注意的是,日常应急志愿服务不是一时的行动,而是长期持续进行的工作,其重点在于预防突发事件的发生,通过提前做好准备工作,提高社会的应急能力。例如:通过安全隐患排查,及时发现潜在的安全问题,并采取措施加以解决,从而降低突发事件发生的风险;通过定期举办讲座、发放宣传资料等应急科学传播活动,持续向公众普及应急知识;通过定期组织专业培训演练,确保志愿者和公众始终保持较强的应急能力。

二、突发事件应急志愿服务

突发事件应急志愿服务是指在自然灾害、事故灾难、公共卫生事件和社会安全事件等突发事件发生且形势紧急的情况下,应急志愿者秉持着高度的社会责任感和奉献精神,迅速行动,在保障自身安全的基础上,充分利用自身能力与专业知识,积极投身到救援与应对工作中,引导受灾群众开展自救互救行动,并进行力所能及的先期处置工作,从而在专业救援力量抵达之前,为减少突发事件所造成的损失、稳定现场秩序、保护群众生命安全发挥关键作用,同时也为后续全面的应急处置工作奠定坚实的基础,促进社会秩序尽快恢复正常[1]。

1. 突发事件应急志愿服务的特点

一是及时性强。突发事件发生后,时间就是生命,每一秒都至关重要。志愿者能够在第一时间做出反应,快速到达现场,迅速展开救援行动,避免灾情进一步恶化。例如,在地震发生后的几分钟内,周边的志愿者就可以立即奔赴震区,协助疏散群众,防止建筑物二次坍塌造成更多伤亡。

二是灵活性强。由于突发事件的复杂性和不确定性,现场情况往往瞬息万变,志愿者需要根据实际情况迅速调整救援策略,灵活应对各种突发状况。例

---

[1] 北京市应急管理局. 应急志愿者队伍市、区、街道(乡镇)三级体系建设试点工作正式启动[EB/OL]. (2021-04-07)[2025-01-17]. https://yjglj.beijing.gov.cn/art/2021/4/7/art_6058_672898.html.

如,在火灾现场,志愿者可能会遇到道路受阻、火势蔓延方向改变等情况,此时他们就需要及时改变疏散路线,寻找新的救援通道,确保救援工作的顺利进行。

三是现场适应性强。志愿者能够在恶劣的环境和紧张的氛围中迅速适应,克服恐惧和困难,保持冷静和理智,高效地开展救援服务。无论是高温、浓烟弥漫的火灾现场,还是充满危险和未知的自然灾害区域,志愿者都能迅速融入环境,发挥作用。

2. 包含的服务项目

① 现场救援协助:志愿者协助专业救援队伍搜索和营救被困人员。他们利用绳索、担架等工具,帮助救援队伍开辟救援通道、搬运受伤群众,确保被困人员能够尽快脱离危险。例如,在房屋倒塌事故中,志愿者与消防队员密切配合,清理废墟,寻找幸存者,并将伤者安全转移到医疗点进行救治。

② 医疗急救服务:许多志愿者经过专业的急救培训后,能够在现场对受伤群众进行初步的医疗处置。他们可以进行心肺复苏、止血包扎、骨折固定等基础急救操作,为伤员争取宝贵的救治时间,缓解伤员的痛苦,降低伤亡风险。

③ 心理疏导:突发事件往往会给受灾群众带来巨大的心理创伤,志愿者通过倾听、安慰、鼓励等方式,为他们提供心理支持和疏导,帮助他们缓解恐惧、焦虑、悲伤等负面情绪,树立战胜困难的信心。

④ 信息传递与沟通:志愿者在现场收集整理受灾群众的数量、位置、需求,以及现场的救援进展等信息,并将这些信息及时准确地传递给应急指挥中心和其他救援队伍,确保信息畅通无阻,避免因信息不畅导致救援工作延误或失误。同时,志愿者还向受灾群众传达救援进展、安全注意事项、安置点位置等关键信息,让群众了解情况、安心等待救援和安置。

⑤ 物资分发与管理:志愿者负责将食品、饮用水、帐篷、药品等救援物资有序地分发给受灾群众,保障他们的基本生活需求。在物资分发过程中,志愿者严格遵守物资管理规定,确保物资分配公平、合理,避免浪费和哄抢现象的发生。

3. 开展方式与途径

志愿者组织注重志愿者的招募、培训和管理,建立完善的志愿者信息库,根

第四章　北京志愿服务参与应急管理的分析

据志愿者的专业技能、兴趣爱好、服务经验等对其进行分类管理。在突发事件发生后，志愿者组织能够迅速从信息库中筛选出合适的志愿者，并及时通知他们前往现场参与救援。例如，有医疗背景的志愿者会被优先安排到医疗急救岗位，具备工程技术知识的志愿者被安排参与建筑物的安全评估和救援通道的开辟工作。志愿者组织还为志愿者提供必要的培训和装备支持，确保他们在现场能够安全、有效地开展工作。政府部门的引导与支持至关重要。在突发事件应急管理中，政府部门将志愿者力量纳入整体规划，为志愿者提供政策保障、资源支持和协调指导；制定相关的法律法规和规章制度，明确志愿者的权利和义务，保障志愿者的合法权益；在物资调配时，优先满足志愿者的合理需求，为志愿者提供必要的防护装备、急救药品和食品等物资；在救援行动中，与志愿者组织保持密切沟通，对志愿者的工作进行统一指挥和协调，确保志愿者的行动与政府的应急处置工作紧密配合。此外，社会各界的广泛参与和协作也为突发事件应急志愿服务提供了有力的支持：企业通过捐赠物资、提供资金、技术支持等方式，为志愿者的救援工作提供物质保障；社区组织积极配合志愿者开展工作，组织居民参与自救互救行动，协助志愿者进行物资分发和信息收集工作；学校、科研机构等单位发挥自身优势，为志愿者提供专业知识培训、技术咨询等服务，共同推动突发事件应急志愿服务工作的顺利开展，为城市应对突发事件提供社会支持，助力城市在困境中迅速恢复生机与活力，维护社会和谐稳定与长治久安。

2023年7月29日至8月2日，北京市遭遇了特大暴雨灾害。此次特大暴雨由台风"杜苏芮"的残余环流与副热带高压、台风"卡努"的水汽输送以及地形综合作用所致。在短短83小时内，全市平均降雨量达到331毫米，相当于多年年均降雨量的60%。其中，门头沟区平均降雨量为538.1毫米，房山区平均降雨量为598.7毫米，昌平区王家园水库的降雨量达到745毫米，成为北京地区有仪器测量记录140年以来的最大降雨量。这场暴雨极端性强，累计雨量大，引发的洪水来势快、量级大、峰值高。永定河卢沟桥站洪峰流量在短短2小时内从1 000立方米/秒骤升至4 650立方米/秒，是1925年以来的最大洪峰。大石河漫水桥站最大洪峰流量为5 300立方米/秒，拒马河张坊站最大洪峰流量为6 200立方米/秒，分别相当于2012年"7·21"特大暴雨灾害的9倍和4倍。此次暴雨给北京市带来了严重的灾害。截至 2023 年 8 月 8 日 24 时,全市因灾死亡 33 人,失踪 18 人,其中包括 1 名抢险救援人员。暴雨还导致近 129 万人受灾,房屋倒塌 5.9 万间,严重损坏 14.7 万间,农作物受灾面积达 22.5 万亩。

北京市迅速动员了大量志愿者参与应急救援工作。北京市志愿服务指导中心、共青团北京市委员会等机构发挥了组织、协调作用,承担了北京市志愿服务联合会的日常工作,通过"志愿北京"信息平台进行志愿者招募,同时通过对各类社会组织的动员和协调,迅速集结了一支庞大的志愿者队伍。志愿者来自各行各业,包括医护人员、公安干警、园区重点企业工作人员、社区工作者等,涵盖了广泛的社会群体。

在此次特大暴雨灾害中,志愿者参与了应急救援、物资运输、心理疏导、社区服务等多种形式的服务活动。

① 应急救援:志愿者参与了灾害发生初期的应急救援工作,包括搜救被困群众、转移危险区域的人员等。例如,北京蓝豹应急救援队队长宛鬼带领 183 名专业救援队员和 700 多名公益志愿者,始终坚守在应急救援的第一线,打通了失联山村的通道,为受困地区的群众开辟出一条生路。

② 物资运输:为了保障受灾群众的基本生活,志愿者徒步前往王平镇、大台街道等严重受灾地区,为群众送去基本生活物资。例如,北京多家单位的数十名志愿者徒步进入门头沟区,为受灾群众送去食物、饮用水、药品等急需物资。

③ 心理疏导与社区服务:志愿者还参与了受灾群众的心理疏导和社区服务工作。例如,首都师范大学的 200 余名志愿者为受灾家庭及恢复重建工作人员家庭子女开展"一对一"帮扶,提供心理疏导、艺术疗法等服务,帮助青少年缓解心理压力、坚定成长方向。

为了确保志愿者能够在应急救援中发挥最大效能,北京市为志愿者提供了全面的支持和保障措施。这包括志愿者保险、志愿者服装、专项培训等。此外,志愿者还接受了相关的专业培训,包括应急救援技能、心理支持与自我调适等,以确保他们在高风险环境中能够安全、有效地开展工作。

第三节　北京志愿服务参与应急管理的现状

一、制度体系与法治保障的深化实践

北京志愿服务参与应急管理的制度体系与法治保障已从框架搭建迈入精密治理阶段，形成以法律为基石、以标准为尺规、以机制为纽带的治理闭环。在立法层面，《北京市志愿服务促进条例》历经3次修订，首次将应急志愿服务纳入政府应急预案体系，明确规定：发生重大自然灾害、事故灾难和公共卫生事件等突发事件，志愿者、志愿服务组织应当接受统一的应急指挥协调。这一条款不仅赋予志愿者在应急状态下的法定身份，还通过"统一的应急指挥协调"的表述，确立了政府主导、多方协同的应急志愿服务运行机制。例如，在2023年海河流域性特大洪水应对中，北京市依据该条例启动应急志愿服务预案，2小时内通过"志愿北京"信息平台调集周边3区1.2万名志愿者，依托标准化培训体系组建的"水域救援突击队"累计转移被困群众876人，其行动规范性与政府救援力量实现"同频共振"。这种"战时快速响应、平时有章可循"的制度设计使志愿服务力量从补充角色转变为治理主体。

法治保障的深化更体现在对志愿者权益的刚性维护与行为约束的双向规范上。北京市在全国率先建立应急志愿者职业保险制度，《北京应急志愿服务管理办法》规定事先为应急志愿者购买相应的人身意外伤害保险。2021年房山区在山洪抢险中受伤的5名志愿者均通过绿色通道在3日内获得工伤保险赔付。志愿者参与应急志愿服务时，应当遵守志愿服务组织发布的行为准则等。2022年朝阳区某志愿者因违规操作无人机被暂停服务资格6个月，相关处罚决定在"志愿北京"信息平台上公示，形成有效震慑。在制度执行层面，北京市创新"双随机、一公开"监管模式，每年随机抽查20%的应急志愿服务项目，重点核查资金使用、技能认证、物资储备等方面的合规性，2023年抽查发现的17起应

急物资过期未更换问题已全部整改。这种"立法—执法—司法—守法"全链条法治化,为应急志愿服务构筑起"安全网"与"高压线"并存的制度生态。

二、科技赋能与智慧调度的突破性进展

北京应急志愿服务的科技赋能已突破传统调度模式,形成"数据驱动、智能感知、精准响应"的数字化治理生态,其核心在于构建"平急两用"的智慧化服务体系。作为全国首个省级志愿服务综合信息平台,"志愿北京"信息平台通过整合50余万名应急志愿者的数据,建立"技能标签-岗位需求-物资储备"三维匹配模型,实现志愿者与任务的动态最优配置。在2023年海河流域性特大洪水应对中,平台依托该模型展现出了强大的调度能力:当气象部门发布红色预警后,系统自动筛选周边3千米内具备水域救援资质的志愿者,结合其空闲时段、装备状态和历史服务评价,生成包含冲锋舟操作手、医疗救护员、心理干预师的复合型支援小组,并通过区块链技术确保任务指令不可篡改。房山区西潞街道志愿者王建军回忆:"接到系统推送的任务时,我的防护服型号、服务时长,甚至通行路线都已规划好,这种精准匹配让我们的服务效率提升了60%。"这种算法调度模式在2022年冬奥会期间进一步升级,通过引入多模态AI算法,实现1.8万名赛会志愿者的信用积分跨区域互认,为国际大型赛事应急保障提供了"中国方案"。

智慧化调度的突破更体现在"空天地一体化"的感知网络构建上。北京市应急管理局联合高校、科技企业研发"城市大脑"系统,集成志愿者上报的隐患数据、物联网传感器监测数据、社交媒体舆情数据,构建动态风险图谱。在2023年夏季防汛中,该系统通过分析志愿者巡查发现的327处积水点数据,结合气象雷达云图和城市排水管网模型,提前48小时预判房山区十渡镇为极高风险区域,调度周边志愿者携带卫星电话、水下机器人等装备提前布防。当实际降雨量达到预警值时,无人机志愿者分队已建立临时通信基站,通过机载AI识别被困车辆车牌,同步将位置信息推送至最近救援队,整个过程较传统模式缩短了75%的响应时间。更值得关注的是智能装备的深度嵌入:海淀区为志愿者配

备的"应急宝"终端集成北斗定位、气体检测、一键呼救等功能。在2021年某化工厂泄漏事故中,志愿者携带该设备深入核心区采集的空气样本数据经5G网络实时传输至应急管理部指挥中心,为专家组制订处置方案提供了关键参数支撑。这种"硬件+软件+算法"的三位一体架构正推动应急志愿服务从人力密集型向技术密集型转变。

三、社会动员与公众参与的双向激活

北京应急志愿服务的社会动员机制以"全民共建、全民共享"为核心理念,通过文化浸润、机制创新和精准动员,构建起"人人有责、人人尽责、人人享有"的社会治理共同体。在全民应急文化培育方面,北京市连续15年开展"应急宣传进万家"活动,将应急知识纳入中小学安全教育课程,开发"应急小卫士"AR互动游戏,让青少年在模拟场景中学习火灾逃生、地震避险等技能。2021年,朝阳区实验小学组织应急演练,学生疏散时间从平均9分钟缩短至3分20秒,相关经验被教育部评为校园安全教育创新案例。更值得关注的是"应急志愿者注册制"的普及,截至2023年年底,北京市应急志愿者注册人数达432万,占常住人口的19.8%,形成"10分钟内有响应、30分钟内能集结"的社区应急网络。在2023年海河流域性特大洪水应对中,房山区志愿者通过"志愿北京"信息平台发起"洪水不退我不退"行动,24小时内招募到876名具有冲锋舟驾驶经验的志愿者,其快速响应能力被应急管理部评价为民间力量专业化动员的典范。

社会动员的关键在于激活"关键群体"的示范效应。北京市建立"党员双报到"应急动员机制,要求在职党员每年参与不少于20小时社区应急服务,并在"北京党员E先锋"平台设置应急服务专区。2020年新冠疫情期间,14.2万名市直机关党员下沉社区,组建"党员先锋岗"7 892个,承担封控值守、物资转运等高风险任务,其服务时长占社区应急总量的42%。退役军人群体通过"首都老兵应急志愿服务队"发挥专长,该队伍拥有持证救生员1 200名、无人机操作手380名。在2021年密云山洪救援中,老兵志愿者操作无人机投送急救包57次,解救被困群众23人。青年学生作为"新生力量",通过高校应急志愿服务总队参与大型活动保障。例如,在北京冬奥会期间,清华大学、北京大学等12所高校组建的"冰雪先锋队"在闭环管理区完成了3.2万次健康监测、1.8万次语言服务,其中"00后"志愿者占比达67%,展现了Z世代的社会责任感。

为破解应急志愿服务"一阵风"难题,北京创新"时间银行""社区应急基金"等长效激励机制。志愿者服务时长可兑换医疗优先、公共交通优惠等权益,在海淀区试点中,35%的志愿者选择将积分转化为社区应急物资储备。更具突破性的是"企业认领"模式,京东、美团等企业设立专项基金,支持志愿者升级装备和购买保险,2022年企业捐赠的1.2万套便携式灭火毯、5000套水域救援马甲直接配备至全市所有社区应急站。然而,公众参与的持续性仍面临考验,某调研显示,仅38%的志愿者在疫情后持续参与应急服务,老年志愿者对智能终端的操作熟练度不足30%,"数字鸿沟"导致部分传统社区应急响应效率滞后。如何将"战时激情"转化为"平时热情",如何让技术红利普惠老年群体,仍是亟待破解的治理课题。

四、区域协同与国际合作的创新拓展

北京应急志愿服务的区域协同与国际合作已突破传统地理边界与国别限制,形成了"资源共享、标准互认、联合响应"的跨域治理新模式。在京津冀协同层面,三地打破行政壁垒,构建"一小时应急圈",通过《京津冀志愿服务工作协同发展合作协议》实现志愿者、装备、物资的跨区域调度。在2023年海河流域性特大洪水应对中,北京市调派500名水域救援志愿者携带30艘冲锋舟支援涿州,天津市提供卫星通信车保障灾区通信,河北省组织心理干预志愿者开展灾后辅导,形成"空地一体、水陆并进"的立体化救援网络。更具创新性的是技能认证互通机制,在政策标准方面,京津冀三地推动实现志愿者的身份互认、记录互认。在2021年"通武廊"(北京通州、天津武清、河北廊坊)联合演练中,三地志愿者混合编组完成危化品泄漏处置,其协同效率较单地区作战提升40%。这种"制度衔接+技术赋能"的协同模式,在2024年京津冀暴雨联防中再次经受考验:通过共享气象雷达数据和志愿者布防信息,三地提前48小时预判永定河泛区风险,联合预置志愿者力量,使受灾群众转移时间缩短65%,展现了区域协同的"乘数效应"。

在国际合作维度,北京以"人类命运共同体"理念为指引,构建全球应急志愿服务网络。通过与红十字会国际委员会合作,北京建立了全球首个应急志愿者国际认证中心,志愿者通过考核后可获得 ISO 22395:2018《安全和复原力—社区复原力—在紧急情况下支持弱势群体的指南》认证,其资质在46个国家互认。在2023年土耳其地震中,持有该认证的北京志愿者通过线上平台为当地提供建筑结构安全评估支持,其专业能力获联合国人道主义事务协调办公室点赞。更值得关注的是"中国方案"的输出:北京依托"一带一路"应急管理教育联盟,为东盟、非洲国家培训应急志愿者骨干2300人次,课程涵盖社区防灾、巨灾响应等模块,"空地一体化人员定位系统"已在伊斯坦布尔、雅加达等城市试点,其室内外无缝定位精度达0.5米。在国内,通过举办京津冀应急志愿服务创新大赛,孵化出无人机协同搜救、老龄社区适老化改造等17项跨区域解决方案。这种"引进来"与"走出去"并重的战略不仅提升了首都应急志愿服务的国际影响力,还为全球超大城市治理提供了"风险共治、能力共建、成果共享"的新范式。正如联合国减少灾害风险办公室专家所言:"北京正在重新定义应急志愿服务的边界——它既是城市韧性的守护者,也是人类命运共同体理念的践行者。"

五、专业化建设与能力提升的双向驱动

北京应急志愿服务的专业化建设与能力提升已形成"标准筑基、实战锤炼、创新赋能"的闭环体系,其核心在于构建"培训—认证—演练—评估"的全周期能力提升链条。在准入环节,实行"双认证+三阶段"培养模式,志愿者需完成基础应急知识培训并取得北京市应急志愿者证书,专业岗位还需通过红十字会、急救中心等机构的专业考核。例如:医疗救护类志愿者必须掌握心肺复苏、

创伤包扎等技能,并通过每年度的复训考核;心理干预志愿者需完成危机干预理论、哀伤辅导等40学时课程,其服务记录纳入北京市心理危机干预中心备案。这种分层分类的培养模式在2020年新冠疫情中显现成效:朝阳区"心灵护航"志愿服务队127名通过专业认证的心理咨询师累计为隔离人员提供1.2万小时线上疏导,其服务满意度达98.6%,相关经验被纳入国家卫生健康委员会《新冠疫情心理援助工作指南》。更值得关注的是"平急结合"的实战化演练,海淀区联合中国科学院自动化研究所开发VR灾情模拟系统,志愿者可身临其境体验地铁火灾、化学泄漏等场景,该系统通过动作捕捉技术实时纠正操作偏差,使技能掌握效率提升40%。

专业化能力的精进更体现在"科技赋能+跨界融合"的创新实践中。北京市依托"应急志愿者技能实验室",联合高校、企业研发智能创伤评估仪、便携式生命探测仪等装备,志愿者可通过"应急宝"App实时获取设备操作指南。在2021年密云山洪救援中,志愿者使用搭载热成像仪的无人机,在夜间定位到17名被困群众,较传统人工搜索效率提升5倍。专业化与多元化的结合则催生出"专精特新"服务模式:西城区成立"老党员先锋应急队",132名退休法官、医生发挥经验优势,开展社区矛盾调解、慢性病管理等特色服务,其主导的"家庭应急包配置指南"惠及12万户家庭;朝阳区"国际应急服务团"整合3 000名多语种志愿者,在冬奥会期间提供21种语言支持,处理涉外求助1.2万次,响应时间控制在3分钟内。然而,专业化发展仍面临挑战,远郊区县持有高级救援证书的志愿者占比不足5%,城乡能力差距急需通过师资下沉、装备共享等机制弥合。

能力提升的终极目标是构建"全灾种、大应急"的复合型服务体系。北京市创新"1+N"岗位配置模式,即每个应急站至少配备1名持证急救员、N名具备专项技能(如绳索救援、危化品处置)的志愿者。在2023年海河流域性特大洪水应对中,房山区通过该模式组建的复合型救援队同步完成人员转移、堤坝加固、水质监测等任务,有效避免了多头调度导致的效率损耗。更具突破性的是"志愿者-专家"协同机制,志愿者通过应急管理云平台,可将现场影像、环境数据实时传输至后方指挥部,由专家团队远程制订处置方案。这种"前端执行＋后端智库"的协作模式使志愿服务从体力支援升级为智力参与。未来,北京需进一步破解专业认证成本高、基层装备更新慢等难题,通过政府购买服务、企业捐赠抵扣税等方式,构建可持续的专业化发展生态,真正实现"让专业的人做专业的事,让志愿精神激发专业潜能"。

第五章
完善北京志愿服务参与应急管理的对策建议

第一节 加强组织体系建设

一、建立统一协调机制

北京应急志愿服务的组织与实施涉及众多部门、机构和社会组织,建立统一协调机制至关重要。这一机制应涵盖从日常管理到应急响应的全过程,确保各方面力量能够协同一致、高效运转。

在市级层面,应成立应急志愿服务专项协调小组,其成员包括相关部门的负责人以及主要应急志愿服务组织的代表。该小组负责制订全市应急志愿服务的发展战略和总体规划,明确各部门和组织在应急志愿服务中的职责与任务,避免出现职责不清、推诿扯皮的现象。例如,在面对重大自然灾害时,应急志愿服务专项协调小组应迅速召开会议,根据应急预案,明确各部门在救援、安置、医疗、物资保障等环节中的具体任务,统一调配全市的应急志愿服务资源,确保救援行动有序进行。

|第五章| 完善北京志愿服务参与应急管理的对策建议

建立常态化的信息沟通平台是建立统一协调机制的关键支撑。例如,通过构建全市应急志愿服务信息管理系统,可实现信息的实时共享与交互。各部门和组织在上述系统中及时发布应急志愿服务的需求信息、志愿者招募情况、培训与演练计划、服务进展等动态数据,使各方能够全面了解全市应急志愿服务的整体状况,以便更好地协调资源和安排工作[1]。例如,当某区发生突发事件需要紧急调配志愿者时,通过上述系统,可迅速查询到周边地区志愿者的分布情况及其掌握的专业技能等信息,从而实现精准调度,大大缩短应急响应时间。

定期组织演练活动与联合培训也是建立统一协调机制的重要组成部分。应急志愿服务专项协调小组应牵头组织各部门和组织的应急志愿者共同参与大型综合性应急演练,模拟火灾、地震、洪水等多种突发事件场景,让志愿者们在实战中熟悉不同部门的工作流程和协同方式,提高整体应急处置能力。同时,应开展跨部门的应急志愿服务培训课程,邀请各领域的专家授课,培训内容涵盖应急管理法律法规、突发事件应对技巧、团队协作与沟通等方面,以提升志愿者的综合素质和专业技能,促进不同部门和组织的志愿者之间的交流与合作,增强团队凝聚力和协同作战能力。

此外,应建立应急志愿服务的评估与反馈机制,对统一协调机制的运行效果进行定期评估。通过收集各部门、组织以及志愿者的意见和建议,可及时发现存在的问题和不足。例如,对某次应急救援行动中各部门和组织之间的协调配合情况进行详细评估,分析信息沟通是否顺畅、资源调配是否合理、任务执行是否高效等问题,形成评估报告,为后续改进提供依据,不断完善统一协调机制,提高北京应急志愿服务的组织效能和应急响应能力。

二、完善志愿者注册管理系统

完善的志愿者注册管理系统是北京应急志愿服务有序开展的基础保障,它应具备全面、精准、高效、便捷等特点,以满足应急志愿服务多样化的需求。

---

[1] 江汛清.国外应急志愿服务的特点及对我国的启示[J].青年探索,2010(2):5.

在信息采集方面,除了应收集志愿者的基本信息(如姓名、性别、年龄、联系方式、身份证号码等),还应深入收集志愿者的专业技能信息,包括但不限于医疗急救技能(如心肺复苏、止血包扎、骨折固定等技能)、消防安全技能(如灭火器使用、火灾逃生引导等技能)、心理辅导技能、工程救援技能(如建筑结构评估、水电维修等技能)、语言翻译技能(如英语翻译、日语翻译等技能)以及其他特长和兴趣爱好。同时,应记录志愿者的服务经历(如参与过的应急志愿服务项目、服务时长、服务表现评价等)以及志愿者的培训情况(如参加过的各类应急培训课程、参与培训的时间、培训成绩等),这些信息将为后续的志愿者筛选和任务分配提供重要依据。

注册流程应简便快捷且安全可靠,采用线上、线下相结合的方式。线上通过官方网站、App等平台,为志愿者提供便捷的注册入口,引导志愿者逐步填写详细信息,并利用人脸识别、短信验证码、公安身份认证接口等技术手段,确保注册信息的真实性和准确性,防止虚假注册和信息泄露。线下在社区服务中心、学校、企事业单位等设立注册点,为不熟悉线上操作的人群提供注册指导和帮助,同时进行现场信息核实和初步培训宣传,从而扩大志愿者注册的覆盖面,提升志愿者注册的参与度。

系统的功能设计要注重实用性和智能化。系统要具备智能匹配功能,可以根据突发事件的类型、地点、严重程度以及志愿者的技能、位置、可服务时间等因素,通过大数据算法快速筛选出最合适的志愿者名单,并自动向他们发送服务任务通知,实现志愿者资源的精准调配[1]。例如,当某地区发生地震灾害时,系统能够在短时间内筛选出周边具备地震救援技能、医疗急救技能且有时间参与服务的志愿者,并将他们迅速组织起来。同时,系统要实现动态管理,志愿者可以随时登录系统更新自己的信息,如技能提升情况、服务意向变化等,这样系统也能实时跟踪志愿者的服务状态,记录志愿者的服务时长和服务表现,为志愿者的激励表彰和考核评价提供准确的数据支持。

应对志愿者的个人信息进行严格保密,采取加密存储、访问权限控制等措

---

① 陈江驰.城市基本组织体系需要高素质应急志愿者队伍[J].城市与减灾,2005(6):7-9.

施,防止志愿者的个人信息被非法获取和滥用,让志愿者放心参与应急志愿服务活动。

三、建立跨部门合作机制

北京应急志愿服务的高效开展离不开各部门之间的紧密合作,建立跨部门合作机制能够整合各方资源,形成强大的应急服务合力。

应急管理部门作为牵头单位,负责统筹规划、协调指挥全市的应急志愿服务工作,制定应急志愿服务的政策法规、标准规范和应急预案,组织开展应急演练和培训活动,对各部门和组织的应急志愿服务工作进行监督评估。民政部门负责应急志愿服务组织的登记管理、培育扶持和监督检查,推动社会组织健康发展,为应急志愿服务提供组织保障和资源支持,同时负责志愿者的权益保障工作,维护志愿者的合法权益。共青团组织应发挥组织动员优势,广泛宣传应急志愿服务理念,招募和组织青年志愿者参与应急服务活动,开展应急志愿服务文化建设,营造良好的志愿服务氛围。卫生健康部门负责提供医疗急救知识培训和技术支持,在突发事件发生时,组织医疗专业人员参与救援行动,指导志愿者开展医疗救助和卫生防疫工作,保障受灾群众的身体健康。公安部门负责维护应急志愿服务现场的治安秩序,保障志愿者和群众的人身安全,提供交通保障和应急通信支持,确保应急救援行动的顺利进行。

应建立跨部门的应急志愿服务信息共享平台,整合各部门的信息资源,包括突发事件信息、志愿者信息、物资储备信息、救援力量分布信息等,实现信息的实时互通和共享共用。各部门在平台上及时发布相关信息,确保其他部门能够及时了解情况,以便做出相应的决策和安排。例如,应急管理部门在平台上发布突发事件的预警信息和应急响应级别,民政部门根据信息组织志愿者队伍做好应急准备,卫生健康部门提前调配医疗资源,公安部门安排警力进行现场安保部署。通过信息共享和协同配合,可提高应急响应的速度和效率。

各部门共同组织应急志愿者开展联合培训和演练,培训内容包括各部门的工作职责、业务流程、协同配合方法以及各类应急技能和知识。通过联合培训,可让志愿者了解不同部门在应急服务中的作用和工作方式,提高志愿者的综合素质和协同作战能力。应定期组织跨部门的应急演练,模拟真实的突发事件场景,从而检验和提升各部门和志愿者之间的协同配合能力、应急响应能力和现场处置能力。演练结束后,应及时进行总结评估,针对演练中发现的问题,制订改进措施,不断完善跨部门合作机制和应急预案。

在突发事件发生时,应迅速启动协调联动机制,各部门按照职责分工和应急预案,迅速组织开展应急志愿服务工作,形成统一指挥、协调有序、反应迅速、处置高效的应急服务体系。同时,应建立应急志愿服务的沟通协调机制,定期召开部门联席会议,研究解决应急志愿服务工作中存在的问题和遇到的困难,加强部门之间的沟通交流和协作配合,不断优化跨部门合作机制,推动北京应急志愿服务工作持续健康发展。

第二节　完善制度建设

一、制定志愿服务管理法规

北京作为我国首都,人口密集、社会活动频繁,各类突发事件的潜在风险较大,应急志愿服务对于保障城市安全和社会稳定具有不可替代的重要作用。制定完善的志愿服务管理法规,是推动北京应急志愿服务事业健康、有序发展的基石。

志愿服务管理法规应明确应急志愿服务的组织架构与职责分工。清晰界定政府相关部门,如应急管理部门、民政部门、共青团等,在应急志愿服务中的职能定位和管理权限。通过明确各部门职责,避免出现多头管理或管理空白的情况,确保应急志愿服务在组织层面能够高效运转[1]。

---

① 莫于川,梁爽.关于完善中国的应急志愿服务法律保障体系之管见[J].河北法学,2011,29(5):9.

第五章　完善北京志愿服务参与应急管理的对策建议

在志愿者招募与注册环节，志愿服务管理法规要制定严格且规范的程序和标准，规定志愿者的基本招募条件（如对年龄、身体状况等的要求），同时针对不同应急服务领域的特点，规定志愿者需掌握的专业技能和具有的知识背景等特定条件。例如，参与医疗救援类应急志愿服务的志愿者，需具备相应的医学知识并获得急救技能证书；从事消防应急服务的志愿者，需经过专业的消防培训并取得合格资质。同时，应建立统一的志愿者注册信息平台，实现志愿者信息的集中管理与共享，方便各部门和组织在应急状态下能够快速精准地调配志愿者资源。

对于志愿者的权利与义务，志愿服务管理法规应给予明确阐述。志愿者享有接受专业培训、获得必要的防护装备和物资保障、在因服务而遭受人身伤害或财产损失时获得合理补偿等权利。在义务方面，志愿者需遵守组织纪律和服务安排，保守在服务过程中知悉的国家秘密、商业秘密和个人隐私，在应急服务中尽职尽责，不得擅自离岗或违反操作规程等。明确权利和义务的关系，既能保障志愿者的合法权益，激发其参与热情，又能确保应急志愿服务的质量和效果。

志愿服务管理法规还应涵盖应急志愿服务的经费保障机制，明确政府财政拨款、社会捐赠、企业赞助等多种经费的来源渠道，并规定经费的使用范围和管理监督方式。应确保经费专款专用，将经费主要用于志愿者培训、防护装备采购、交通通信补贴、服务项目开展等与应急志愿服务直接相关的方面。同时，应建立公开透明的财务管理制度，定期接受社会监督和审计部门的审计，保证经费使用的合理性和合法性。

此外，在制定完善的志愿服务管理法规时还应考虑其与国家相关法律法规的衔接与协调，确保法规的权威性和有效性，从而为北京应急志愿服务事业提供坚实的法律支撑，使其能够在法治轨道上稳步前行，更好地应对各类突发事件，保障城市的安全与稳定，促进社会的和谐发展。

二、建立志愿者培训认证体系

随着北京应急志愿服务活动的日益频繁和多样化，建立科学、系统、规范的志愿者培训认证体系显得尤为迫切和重要。这一体系有助于提升志愿者的专业素质和应急服务能力,确保在面对各类突发事件时,志愿者能够迅速、有效地开展救援和服务工作,保障人民群众的生命财产安全,同时也为志愿者的个人成长和发展提供了有力支持[①]。

志愿者培训认证体系应设计多层次、分类别的培训课程。首先,基础培训课程应面向全体应急志愿者,涵盖应急管理基础知识、公共安全常识、急救技能、消防安全知识、心理援助基础知识等内容。通过基础培训课程,志愿者对突发事件的应对原则和基本方法能有初步的认识和掌握,具备初步的应急服务能力。其次,专业培训课程应针对不同专业领域(如医疗救援、地震救援、水上救援、通信保障、物资管理等)的志愿者,开展深入、系统的专业技能培训。例如:医疗救援的培训内容包括常见伤病的诊断与处理、现场紧急手术技能、医疗器械的使用与维护、传染病防控知识等;地震救援的培训内容包括地震地质学基础知识、建筑物废墟搜索与救援技术、地震次生灾害的防范与应对等。专业培训课程应由具有丰富实践经验和专业资质的教师授课,采用理论教学与实际操作相结合的方式,确保志愿者能够熟练掌握专业技能,提高在特定领域的应急服务水平。除了应注重理论和技能培训,还应注重实践演练环节。应定期组织志愿者参加各类应急演练,模拟火灾、地震、洪水等真实场景,让志愿者在实践中熟悉应急服务流程,锻炼团队协作能力和应急处置能力。演练结束后,应及时进行总结和复盘,针对演练中出现的问题和不足之处,有针对性地进行改进,不断提高志愿者的实战能力。

建立志愿者培训认证体系还需要配套完善的认证标准和程序。根据志愿者参加培训的课程种类、参加培训的时长及其实践演练表现和考核成绩等因素,制定相应的认证级别和标准。例如,完成基础培训课程并通过考核的志愿者,可获得初级应急志愿者认证;在此基础上,完成一定时长的专业培训并在实践演练中表现优秀的志愿者,可申请中级或高级应急志愿者认证。认证证书由

---

① 莫于川,梁爽.社会应急能力建设与志愿服务法制发展——应急志愿服务是社会力量参与突发事件应对工作的重大课题[J].行政法学研究,2010(4):9.

|第五章| 完善北京志愿服务参与应急管理的对策建议

权威部门或机构颁发,具有一定的社会认可度和公信力,不仅是对志愿者专业能力的肯定,也为志愿者在求职、升学、评优等方面提供有力的支持和参考依据。

同时,为了保证志愿者培训认证体系的持续有效运行,应建立定期的培训更新机制和认证复查制度。应急管理技术在不断发展,应及时更新培训课程的内容,确保志愿者掌握最新的应急知识和技能。对于已获得认证的志愿者,应定期对其进行复查和考核。如果发现志愿者的知识技能水平不能满足应急服务的要求,或其在志愿服务中出现违规行为等情况,则应及时对其进行重新培训或取消其认证资格,以保证应急志愿者队伍始终保持较高的专业素质和服务水平。

通过建立健全志愿者培训认证体系,北京能够打造一支高素质、专业化的应急志愿者队伍,为城市的应急管理工作提供坚实的人才保障,提升城市应对突发事件的综合能力,推动应急志愿服务事业向规范化、专业化、科学化方向发展,为城市的安全稳定和社会和谐发展做出积极贡献。

三、制定志愿服务响应政策

志愿服务响应政策应明确应急响应的级别和启动机制。应根据突发事件的性质、严重程度、影响范围等,对应急响应级别进行划分,并详细规定每个级别对应的突发事件类型。例如,可将应急响应级别划分为一般、较大、重大、特别重大四个级别,其中一般级别响应适用于局部地区发生的小型火灾、一般性交通事故等突发事件,这类事件的影响范围相对较小,人员伤亡和财产损失有限,而特别重大级别响应则适用于大规模地震、严重洪涝灾害、重大公共卫生事件等对全市甚至全国产生严重影响的突发事件。同时,志愿服务响应政策应明确各个级别对应的启动条件和决策程序,确保在突发事件发生后能够迅速、准确地启动相应级别的志愿服务响应机制,实现应急处置的及时性和有效性。

在志愿者动员与调配方面,志愿服务响应政策要制定详细的实施细则。应建立全市统一的应急志愿者信息数据库,对志愿者的个人信息、专业技能、服务经历、所在区域等数据进行全面、精准的采集和动态管理。当突发事件发生并启动相应的应急响应级别后,可根据事件的性质和需求,通过信息数据库快速筛选出合适的志愿者,并按照就近、就便、专业对口的原则进行科学调配。例如:在发生地震灾害时,优先调配距离震区较近且具备地震救援、医疗急救、心理疏导等专业技能的志愿者前往灾区开展救援服务;在发生公共卫生事件时,重点组织具有医学背景和志愿服务经验的人员参与疫情防控工作,让其完成体温检测、人员排查、物资分发、社区消毒等任务。

为了保障志愿者能够迅速、有序地开展应急服务,志愿服务响应政策应规定相应的保障措施。在交通保障方面,志愿服务组织应与交通管理部门协调合作,为执行应急任务的志愿者提供优先通行权,确保志愿者能够及时、顺利地到达服务现场。例如,在突发事件发生后,志愿者凭借统一发放的应急服务标识或证件,在交通管制区域内能够快速通过关卡,避免因交通拥堵而延误救援时机。在物资保障方面,应建立应急物资储备库,储备充足的防护装备、食品、饮用水、药品、救援工具等物资,并制定物资分配与管理制度,确保志愿者在服务过程中能够获得必要的物资支持,保障自身安全和服务工作的顺利开展。

同时,还应注重志愿服务响应政策与其他应急管理政策和措施的协同配合,使其与应急物资保障政策、应急救援队伍调度政策、社会捐赠管理政策等相互衔接,形成一个有机的整体,从而构建一个完善的城市应急管理体系。例如:在应急物资的调配过程中,充分考虑志愿者服务的实际需求,合理分配物资资源;在应急救援队伍的组织调度中,将志愿者队伍作为重要的补充力量,使其与专业救援队伍协同作战,从而发挥各自优势,提高应急救援的整体效能。

志愿服务响应的评估与反馈机制是志愿服务响应政策的重要组成部分。在每次突发事件应急处置结束后,应及时对志愿服务响应过程进行全面评估,包括志愿者的招募调配效率、志愿服务质量、保障措施落实情况、各部门的协同配合效果等方面,收集志愿者、受助群众、相关部门等各方的意见和建议,总结经验教训,针对存在的问题及时进行调整和改进,不断完善志愿服务响应政策,提高政策的科学性、合理性和可操作性,为北京应急志愿服务事业的发展提供有力的政策保障,推动城市应急管理水平不断提升。

|第五章| 完善北京志愿服务参与应急管理的对策建议

第三节 建立灵活的招募机制

一、多元化招募渠道

北京应急志愿服务的蓬勃发展离不开广泛而多元的招募渠道,这是汇聚社会各界力量、充实应急志愿服务队伍的关键所在。

传统媒体渠道依然具有强大的影响力。北京的报纸、电视台、广播电台等应开辟专门的应急志愿服务宣传与招募专栏,定期发布应急志愿服务项目信息以及招募广告等内容并展示志愿者风采。例如:《北京日报》可以每周刊登一篇关于应急志愿服务的专题报道,介绍近期开展的应急救援行动中志愿者的突出表现和感人故事,同时附上最新的志愿者招募启事,详细说明招募条件、服务内容、报名方式等信息,以吸引广大市民的关注;北京电视台可以制作一系列应急志愿服务的公益广告和专题节目,通过生动形象的画面和真实案例,展现应急志愿服务的重要意义和价值,激发市民的社会责任感和奉献精神,引导他们积极投身于应急志愿服务事业;广播电台可以利用其传播速度快、覆盖面广的特点,在黄金时段滚动播出应急志愿服务的招募信息,以方便市民在驾车、乘车或居家等不同场景下随时获取信息,提高招募信息的知晓率[①]。

与此同时,随着互联网的飞速发展,新媒体平台已成为应急志愿服务招募的重要阵地。北京应急管理部门和相关志愿服务组织应充分利用官方网站、微信公众号、微博、抖音等新媒体平台,发布丰富多样的招募内容。官方网站可设置专门的应急志愿服务招募板块,除了可以提供基本的招募信息外,还可以提供在线报名系统、志愿者常见问题解答、志愿者服务案例分享等功能,为有意向的市民提供便捷、全面的服务。微信公众号可定期推送应急志愿服务的招募推

---

① 郝刚.社会化动员的发动与实施——从北京车友应急志愿者总队的工作谈起[J]. 2013(3):16-18.

文,通过精美的排版、生动的文字和图片,详细介绍各类应急志愿服务项目的特色和需求,同时利用微信的社交分享功能,鼓励读者将招募信息转发到朋友圈和微信群,以扩大信息传播范围。微博可借助其话题性和互动性强的特点,发起应急志愿服务招募话题讨论,邀请明星、网红等具有广泛影响力的公众人物参与话题互动,以提高话题的热度和关注度,吸引更多年轻人参与应急志愿服务。抖音可通过制作短小精悍、富有创意的短视频,展示应急志愿服务的精彩瞬间和感人故事,让用户产生共鸣,激发用户的参与热情,并且可以在视频中嵌入报名链接和二维码,以方便用户直接报名。

社区层面的招募工作也不容忽视。北京的各个社区居委会和村委会应发挥基层组织的优势,深入社区开展应急志愿服务招募活动。可在社区公告栏张贴醒目的招募海报,举办社区应急志愿服务宣传活动,设置咨询台,向居民发放宣传资料,详细介绍应急志愿服务的内容和意义,现场解答居民的疑问,并进行报名登记。此外,还可利用社区微信群、QQ群等线上交流平台,及时发布应急志愿服务招募信息,鼓励社区居民积极参与。可针对社区内的学校、企业、机关单位等,开展上门宣传招募活动。例如:与学校的团委、学生会合作,组织应急志愿服务主题班会和校园宣传活动,动员广大学生参与应急志愿服务;与企业的人力资源部门和工会沟通协调,鼓励企业员工以团队或个人的形式加入应急志愿服务队伍,为企业履行社会责任提供平台;与机关单位的党组织和团组织联合,号召党员干部带头参与应急志愿服务,发挥先锋模范作用。

社会组织也是应急志愿服务招募的重要力量。北京的各类公益组织、行业协会、志愿者联合会等应充分发挥自身的专业优势,利用自身拥有的社会资源,积极开展应急志愿服务招募工作。公益组织可以结合自身关注的领域,如环保、教育、健康等领域,开展与应急志愿服务相关的项目,并通过自身的网站、社交媒体平台以及线下活动,招募具有相关专业知识和技能的志愿者。环保公益组织在开展应对自然灾害所引发的环境问题的应急志愿服务项目时,可招募具有环境科学、生态学、化学等专业背景的志愿者,这些志愿者可参与环境监测、污染治理、生态修复等工作。行业协会则可以根据本行业的特点和优势,组织会员单位开展应急志愿服务活动,并在行业内进行志愿者招募。建筑行业协会在面对地震、火灾等突发事件时,可以面向会员单位招募具有建筑工程、结构设计、消防工程等专业技能的志愿者,这些志愿者可以参与建筑物的安全评估、救援通道开辟、临时安置点搭建等应急救援工作。志愿者联合会通过整合全市的志愿者资源,建立志愿者信息数据库,可以根据应急志愿服务的需求,精准匹配和招募合适的志愿者,并提供志愿者培训、管理、协调等服务,从而提高应急志愿服务的组织化程度和专业化水平。

通过多元化的招募渠道,北京能够广泛吸纳社会各界的爱心人士和专业人才,不断壮大应急志愿服务队伍,为城市的应急管理工作提供坚实的人力保障,提升城市应对突发事件的综合能力,维护城市的安全与稳定。

二、简化报名流程

在应急志愿服务的招募过程中,简化报名流程对于提高招募效率、吸引更多潜在志愿者参与具有至关重要的作用。

首先,建立统一的在线报名平台。这是关键的一步。北京应整合各部门、各组织分散的报名渠道,打造一个全市统一、便捷高效的应急志愿服务在线报名平台。该平台应具备简洁明了的界面设计,以便志愿者快速找到报名入口。例如,该平台可在首页显著位置设置"应急志愿服务报名"按钮,志愿者单击该按钮后就可进入报名页面,只需填写基本信息,如姓名、性别、年龄、联系方式、身份证号码等,即可完成初步报名。对于一些非必填但有助于了解志愿者背景和能力的信息,如教育程度、职业、具有的专业技能、志愿服务经历等,可采用下拉菜单、勾选框等方式让志愿者进行选择填写,以减少志愿者的填写时间和操作难度。

其次,减少烦琐的审核环节。应急志愿服务在线报告平台应与公安、教育、人社等相关部门的数据库进行对接,实现信息的实时验证和核实。例如:通过与公安部门的身份证信息系统对接,验证志愿者的身份真实性;与教育部门的学历学位信息系统对接,核实志愿者的教育背景;与人社部门的职业资格证书数据库对接,确认志愿者的专业技能资质。对于一些无法通过上述数据库核实的信息,如志愿服务经历和个人特长描述等,可采用人工审核的方式,但要明确审核时间限制,确保在 24 小时内完成审核并将审核结果反馈给志愿者,避免审核过程冗长拖沓。

再次,简化现场确认手续。对于一些需要进行现场确认的应急志愿服务项目,如涉及专业技能培训、危险环境救援等的项目,应尽量简化现场确认手续。志愿者在完成在线报名并通过初步审核后,只需携带本人身份证原件到指定的现场确认点进行身份核实和简单的信息补充确认即可,无须提交大量的纸质证明材料。现场确认点应合理布局,选择在交通便利、易于找到的地方,如社区服务中心、学校、大型商场等,并且应提前公布现场确认点的详细地址和交通指南,以便志愿者前往。同时,现场确认工作人员应具备专业素养和良好的服务态度,高效快捷地为志愿者办理确认手续,整个过程应控制在 15 分钟以内,以让志愿者享受到便捷高效的服务。

最后,提供报名进度查询功能。志愿者在完成报名后,可以通过应急服务在线报名平台随时查询自己的报名进度,包括审核状态、是否被录取、培训安排等信息。该平台应通过短信、站内信等方式及时向志愿者推送报名进度更新通知,让志愿者能够及时了解自己的报名情况,避免因信息不透明而产生焦虑。

通过简化报名流程,北京能够消除潜在志愿者参与应急志愿服务的障碍,提高招募工作的效率和质量,吸引更多的市民积极投身于应急志愿服务事业,为城市的应急管理工作注入源源不断的活力,提升城市应对突发事件的应急响应速度和处置能力,保障首都人民的生命财产安全和社会的和谐稳定。

三、制订有针对性的招募策略

要想高效地开展北京应急志愿服务活动,需要精准地招募满足各类应急场景需求的志愿者,因此制定有针对性的招募策略显得尤为重要。

针对不同类型的突发事件,应明确所需志愿者的专业技能和素质要求,并据此开展招募工作。

在发生自然灾害时,如在发生地震、洪水、山体滑坡等事件时,首先,招募具

|第五章| 完善北京志愿服务参与应急管理的对策建议

有工程救援技能的志愿者,如建筑结构工程师、机械工程师等,他们能够对受损建筑物进行安全评估,协助救援队伍制订救援方案,通过操作专业救援设备进行破拆、支撑等救援作业;其次,需要招募大量具备医疗急救技能的志愿者,包括医生、护士、急救员等,他们能够在现场对伤者进行紧急救治、包扎、固定和转运等工作;最后,需要招募心理辅导专业的志愿者,他们能够为受灾群众提供心理支持和疏导,帮助他们治疗创伤后应激障碍,恢复心理平衡。

在发生公共卫生事件时,如在暴发传染病疫情时,首先,需要重点招募具有医学背景、公共卫生专业知识和护理技能的志愿者,他们能够协助卫生健康部门进行疫情监测、流行病学调查、体温检测、隔离点管理、医疗物资分发等工作;其次,需要招募具备社区工作经验和较强沟通能力的志愿者,他们能够在社区开展疫情防控宣传教育活动,引导居民正确佩戴口罩、勤洗手、保持社交距离等,提高居民的自我防护意识和能力;最后,需要招募能够提供后勤保障服务的志愿者,他们能够负责餐饮配送、环境卫生清洁、物资搬运等工作,从而确保疫情防控工作顺利进行。

在发生事故灾难时,如在发生火灾、交通事故、化学泄漏事故时,首先,需要招募掌握消防专业知识的志愿者,他们熟悉消防器材的使用方法,掌握火灾扑救和逃生技巧,能够协助消防部门进行灭火救援、疏散群众等工作;其次,需要招募掌握化工专业知识的志愿者,他们能够协助专业救援队伍进行危险化学品的识别、泄漏源的控制、现场环境的监测等工作;最后,需要招募交通疏导志愿者,他们能够在事故现场维持交通秩序,以避免交通拥堵,保障救援车辆通行畅通。

为了实施有针对性的招募策略,应建立完善的志愿者信息分类管理系统。在志愿者报名时,除了要采集其基本信息外,还要详细采集志愿者的专业技能、培训经历、工作经验、兴趣爱好等信息,并按照不同的应急服务领域进行分类标注和归档。例如,将具有医疗专业背景的志愿者归类到"医疗救援"类别,将工程技术人员归类到"工程救援"类别等。当发生突发事件时,根据事件的类型和需求,从志愿者信息分类管理系统中快速筛选出符合要求的志愿者名单,并通过短信、电话、邮件等方式精准通知他们参与应急志愿服务。此外,还应与高校、科研机构、企业等建立合作关系,拓宽有针对性的招募渠道。高校是各类专业人才的聚集地,可与高校的相关专业院系合作,建立应急志愿服务人才培养基地,鼓励学生参与应急志愿服务实践活动,并将其纳入社会实践学分体系。科研机构拥有丰富的技术资源,可与科研机构合作,招募具有前沿技术和专业研究能力的科研人员作为志愿者,从而为应急救援工作提供技术支持和智力保障。企业拥有丰富的人力资源,可与企业合作开展应急志愿服务项目,鼓励企业员工利用业余时间参与应急志愿服务,同时为企业提供员工参与应急志愿服务的便利条件和激励机制,如设立企业应急志愿服务奖励基金、将员工的应急志愿服务表现纳入绩效考核等,以增强企业员工参与应急志愿服务的积极性和主动性。

通过制订有针对性的招募策略,北京能够精准地招募到满足不同应急场景需求的志愿者,优化应急志愿服务队伍的结构,提高应急志愿服务的质量和效率,更好地应对各类突发事件,保障城市的安全稳定和人民的幸福安康。

第四节 加强专业技能培训

一、基础应急知识培训

基础应急知识培训是北京应急志愿服务能力建设的根基,其目标在于让每一位志愿者都掌握应对突发事件的基本理论、方法和技能,从而在应急服务中发挥有效的作用,保障自身和他人的安全。

基础应急知识培训的内容应涵盖广泛的基础应急知识领域。基础应急知识培训应详细介绍应急管理的基本概念和原则,包括突发事件的定义、分类、分级以及应急管理的全过程(包括预防、准备、响应和恢复等环节),使志愿者对应急管理体系有一个全面、清晰的认识,明确自己在其中的角色和责任[①]。例如,

---

① 吴敏,邱晨,潘鑫,等.应急志愿者队伍建设与管理初探[J].中华灾害救援医学,2017,5(6):350-351.

| 第五章 | 完善北京志愿服务参与应急管理的对策建议

可通过案例分析的方式,讲解不同类型突发事件的特点和应对策略,让志愿者了解在地震、火灾、洪水等灾害发生时,应该遵循的基本原则和采取的基本行动步骤。

常见自然灾害的应对知识是基础应急知识培训内容的重要组成部分。基础应急知识培训应详细介绍北京地区可能发生的自然灾害(如暴雨洪涝、大风沙尘、地震等)的形成原因、预警信号识别方法以及相应的避险措施。在讲解暴雨洪涝灾害时,不仅要教授志愿者如何判断积水深度和水流速度的危险性,还要教导他们如何选择正确的逃生路线,如远离河道、低洼地带,前往地势较高且安全的建筑物内躲避;在讲解地震灾害时,要教授志愿者在室内"优先躲避在坚固家具或承重墙附近"以及在室外"远离建筑物、电线杆等易倒塌物体,前往空旷场地"等避震方法,并通过模拟演练让志愿者亲身体验地震发生时的应对场景,以加深志愿者的记忆和理解。

事故灾难的预防与处置方法也是基础应急知识培训的重点,培训内容包括火灾的预防知识、初期火灾的扑救方法、火灾报警的正确流程以及火灾逃生技巧等,交通事故的现场安全防护方法、伤员的初步救助方法,燃气泄漏、触电等常见事故的应急处理措施等。例如:在火灾预防培训中,要教授志愿者检查和消除家庭、工作场所火灾隐患的方法,如定期检查电器设备、燃气管道的安全性,不私拉乱接电线,不违规使用大功率电器等;在火灾扑救培训中,要让志愿者实际操作灭火器、消火栓等消防器材,掌握正确的灭火方法和操作要领;在交通事故救助培训中,要教导志愿者如何在确保自身安全的前提下,对受伤人员进行止血、包扎等简单的急救处理,以为专业医疗救援争取时间。

公共卫生事件的防控知识在当前社会环境下显得尤为重要。这方面的培训内容涵盖传染病的传播途径、预防方法,公共卫生场所的消毒方法和注意事项,疫情防控期间的志愿服务规范和自我保护措施等。例如,在传染病防控培训中,要详细讲解不同类型传染病的传播特点和防控要点,通过示范和实际操作,让志愿者掌握正确的洗手方法(七步洗手法)、口罩佩戴和摘取方法,以及如何在公共区域进行有效的消毒作业,防止传染病的传播扩散。

心理急救知识也是基础应急知识培训内容中不可或缺的部分。突发事件往往会给受灾群众带来巨大的心理创伤,志愿者需要掌握基本的心理急救技能,知道如何与受灾群众进行有效的沟通,倾听他们的心声,给予他们情感上的支持和安慰,也要知道如何识别受灾群众可能出现的心理问题,并采取相应的初步干预措施,如稳定情绪、提供安全感等。通过培训,可让志愿者具备一定的心理关怀能力,使志愿者在应急服务中不仅能够关注受灾群众的物质需求,也能关注他们的心理需求,从而促进受灾群众的身心健康恢复。

基础应急知识培训可以采用多种教学方法相结合的方式,以增强培训效果。理论授课可以邀请应急管理领域的专家学者、资深救援人员进行深入浅出的讲解,通过生动的案例、图片、视频等多媒体资料,使抽象的知识变得直观易懂;现场演示可以让志愿者在实际操作中掌握各种应急技能,如消防器材的使用方法、急救技能等;模拟演练可以创设真实的应急场景,让志愿者在模拟环境中实践所学的知识和技能,锻炼他们的应急反应能力和团队协作能力。同时,可利用在线学习平台,开发丰富的基础应急知识培训课程,从而方便志愿者根据自己的时间和学习进度进行灵活学习,进而确保基础应急知识培训的全面性、系统性和有效性,为北京应急志愿服务奠定坚实的知识基础。

二、专业领域的深化培训

在志愿者掌握基础应急知识的基础上,专业领域的深化培训能够进一步提升他们在特定应急场景下的专业能力和服务水平,使应急志愿服务更加精准、高效地满足实际需求[①]。

医疗救援领域的深化培训主要针对具有一定医疗基础或志愿从事医疗应急服务工作的志愿者。培训内容包括以下三方面:一是高级生命支持技能,如除颤仪的使用方法、气管插管技术等,这方面的培训可使志愿者能够在专业医疗人员到达之前,为危重伤员提供更有效的生命维持措施;二是常见创伤的进阶处理技能,如开放性骨折的清创与固定方法、大面积烧伤的紧急处理方法等,

---

① 曹文.应急志愿者培训手册[M].北京:气象出版社,2013.

第五章　完善北京志愿服务参与应急管理的对策建议

这方面的培训可提高志愿者对严重创伤患者的救治能力;三是特殊环境下的医疗救援技巧,如野外环境中的伤员转运方法、灾难现场的紧急手术辅助技巧等,这方面的培训可培养志愿者在复杂环境下应对医疗紧急情况的能力。在培训过程中,邀请经验丰富的急诊科医生、外科医生等专业医疗人员进行现场指导和实际操作演示,让志愿者在模拟的真实医疗救援场景中反复练习,确保熟练掌握各项技能;同时,组织志愿者参与医院的急诊室实习和观摩活动,使其亲身体验医院的应急医疗流程和救治氛围,积累实际经验,增强应对复杂医疗情况的信心和能力。

消防应急领域的深化培训侧重于提升志愿者在火灾预防、扑救和救援方面的专业技能。培训内容除了应包括火灾扑救技术,如不同类型火灾的灭火战术选择方法、大型消防设备的操作方法与协同作战技巧等,还应包括以下两方面:一是火灾风险评估与预防知识,如建筑物的消防安全检查方法、火灾隐患排查技巧等,这方面的培训可使志愿者在日常生活和工作中发现并协助消除火灾隐患,降低火灾发生的风险;二是火灾现场的搜索与救援技巧,如浓烟、高温环境下的搜索方法,被困人员的解救技巧等,这方面的培训可提高志愿者在火灾救援中的实际操作能力。同时,开展消防应急通信与指挥培训,使志愿者能够在火灾现场有效地与消防部门和其他救援力量进行沟通协调,从而保障救援行动的顺利进行。可以将消防实战演练、消防特勤队实地参观学习、消防案例分析等多种培训方式相结合,让志愿者全方位、深入地了解消防应急工作的各个环节和技术要求,成为火灾预防和扑救的有力助手。

水上救援领域的深化培训主要针对北京地区的水域特点和水上救援需求。培训内容包括以下三方面:一是水上救援技能,如游泳技能、潜水救援技术、冲锋舟和橡皮艇的操作与驾驶方法等,这方面的培训可确保志愿者具备在不同水域环境下进行救援作业的能力;二是溺水人员的急救处理技能,如心肺复苏方法、控水方法、低温症的预防与治疗方法等,这方面的培训可提高志愿者对溺水事故的应急救治能力;三是水上救援安全知识,如判断水流和水情的方法、自身安全防护措施、救援团队协作方法等,这方面的培训可使志愿者在保障自身安全的前提下,高效地开展水上救援工作。在培训过程中,可邀请专业的水上救援教练和救生员进行实地教学和水上演练,让志愿者在游泳池、河流、湖泊等不同水域环境中进行实践操作训练,从而让志愿者熟悉各种水域的特点和救援难度,掌握相应的救援技巧和了解相应的安全注意事项,进而为北京的水上安全保障提供专业的志愿服务力量。

通信保障领域的深化培训专注于提升志愿者在应急通信方面的专业能力。随着信息技术的飞速发展,应急通信在突发事件应对中发挥着至关重要的作用。培训内容包括以下两方面:一是无线电通信技术,如无线电通信设备的调试与使用方法、应急通信频率的选择与管理方法等,这方面的培训可确保志愿者在常规通信网络瘫痪的情况下,利用无线电设备建立有效的通信联络;二是应急通信网络的搭建与维护方法,如临时通信基站的建设、卫星通信设备的使用、网络故障的排除等方法,这方面的培训可使志愿者在灾难现场快速搭建起稳定可靠的通信网络,保障救援指挥中心与现场救援人员之间的信息沟通畅通。同时,开展通信信息安全培训,教导志愿者如何保护通信内容的安全,防止信息泄露和被干扰,确保应急通信的稳定性和安全性。培训应采用理论与实践相结合的方式,通过实际操作通信设备、参与模拟应急通信演练等活动,让志愿者熟练掌握应急通信技术,从而为北京应急管理工作提供可靠的通信保障支持。

通过专业领域的深化培训,北京能够打造一支专业化、技能化的应急志愿者队伍,使志愿者在各自擅长的领域发挥关键作用,提高应急志愿服务的质量和效果,为应对各类突发事件提供更加有力的支持和保障,提升城市的应急管理水平和综合应对能力。

三、持续学习与更新知识技能

在应急管理领域,持续学习与更新知识技能是北京应急志愿服务保持专业性和有效性的关键所在。突发事件的类型、特点和应对方法不断在演变,应急志愿服务人员必须紧跟时代步伐,持续提升自己的能力,以适应日益复杂多变的应急服务需求。

第五章　完善北京志愿服务参与应急管理的对策建议

持续学习与更新的首要任务是关注应急管理领域的最新动态和研究成果。应急管理是一个不断发展的学科,新的理论、技术和方法层出不穷。志愿者应通过订阅专业期刊、参加学术研讨会、关注权威应急管理机构和专家的社交媒体账号等方式,及时了解国内外应急管理领域的前沿信息。例如,志愿者应关注国际应急管理学会、中国安全生产科学研究院等机构发布的最新研究报告和学术论文,了解关于自然灾害预测预警技术的新突破、事故灾难应急处置的新方法以及公共卫生事件防控策略的新进展等;同时,应积极参与各类应急管理论坛和交流活动,与同行们分享经验、交流心得,拓宽视野,不断更新自己的知识体系,将最新的理念和方法融入应急志愿服务实践中。

定期参加复训课程也是持续学习与更新知识技能的重要环节。志愿者容易随着时间的推移而遗忘一些应急知识和技能,定期复训能够帮助志愿者巩固所学的知识和技能。复训课程应根据志愿者的专业领域和服务经验进行针对性设计,课程内容既包括基础应急知识和专业技能的回顾与巩固,也涵盖新的应急管理政策法规以及在实际操作中总结的经验教训等内容。例如:对于医疗救援志愿者,复训课程可以重点加强高级生命支持技能的训练,同时讲授最新的传染病防控知识和分析最新的医疗救援案例;对于消防应急志愿者,复训课程可以包括新型消防设备的使用、火灾扑救战术的优化以及火灾事故调查案例的学习等内容。可以根据不同的专业领域和服务频率对复训的时间间隔进行合理安排,一般建议每年至少进行一次全面的复训,以确保志愿者的应急服务能力始终处于良好状态。

对实践经验的总结与反思同样是持续学习与更新知识技能的有效途径。志愿者在参与应急服务活动后,应及时进行总结和反思,回顾自己在服务过程中的表现,分析存在的问题和不足之处,并提出改进措施和方法。例如,在一次地震救援志愿服务活动结束后,志愿者可以组织内部讨论,分享自己在救援过程中的所见所闻、所感所想,分析在搜索与救援、伤员救治、物资分发等环节中遇到的困难和问题,如救援设备使用不熟练、与其他救援力量沟通协调不顺畅、对受灾群众的心理需求关注不够等,并共同探讨解决方案,制订下一次服务活动的改进计划。同时,志愿者应将实践经验总结成书面报告或案例分析报告,以供其他志愿者学习参考,促进整个应急志愿服务队伍的共同成长和进步。

应急志愿服务组织应积极搭建在线学习交流平台,为志愿者提供便捷的持续学习渠道。在线学习交流平台可以发布丰富的学习资源,包括最新的应急管理视频教程、电子书籍、案例分析资料等,从而方便志愿者随时随地进行学习;设立在线交流论坛,鼓励志愿者在论坛上提问、解答问题、分享学习心得和实践经验,从而形成良好的学习氛围和互动交流机制;定期组织在线直播课程和专家答疑活动,邀请应急管理领域的专家学者为志愿者解答实际工作中遇到的疑难问题,讲解最新的应急管理知识和技术,以进一步提升志愿者的学习效果和专业水平。

通过持续学习与更新知识技能,北京的应急志愿者能够不断提升自己的综合素质和专业能力,适应不断变化的应急服务环境,为城市的应急管理工作提供更加优质、高效的志愿服务,保障首都人民的生命财产安全和社会的稳定发展,推动北京应急志愿服务事业向更高水平迈进。

第五节 构建多元化激励机制

一、精神激励

精神激励作为应急志愿服务激励机制的重要组成部分,对于激发志愿者的内在动力、增强其使命感和荣誉感具有不可替代的作用,是维系志愿者长期投身于应急服务事业的关键因素之一。

荣誉表彰体系的建立是精神激励的核心体现。北京应设立多层次、多样化的应急志愿服务荣誉奖项,这些奖项应涵盖市级、区级以及行业领域等不同层面,以表彰在应急志愿服务中表现突出的个人和团队。例如,在市级层面,可以设立"首都应急志愿服务杰出贡献奖",用以表彰那些在重大突发事件应对过程中发挥关键作用、做出突出成绩的志愿者和志愿服务组织,他们在抢险救援一

第五章　完善北京志愿服务参与应急管理的对策建议

线展现出非凡的勇气和专业的技能,或者在受灾群众安置、心理疏导等方面展现出卓越的奉献精神和出色的服务能力。在区级层级,可以根据各区的实际情况和特色设立荣誉奖项,如可以设立"××区应急志愿服务先锋奖"等,该奖项用于表彰在本区内应急服务工作中表现突出的志愿者,以激励更多居民参与到基层应急管理工作中。同时,在一些特定行业领域,如医疗、消防、交通等领域,也应设立相应的行业应急志愿服务奖项,如"应急医疗志愿服务之星""消防应急救援英雄团队"等,以对在专业领域发挥特长、为应急救援工作提供专业支持的志愿者给予肯定和鼓励。

荣誉称号的授予应遵循严格、公正、透明的评选程序。应成立由应急管理部门、民政部门、志愿服务行业专家、资深志愿者代表等组成的评选委员会,制定详细的评选标准,明确量化指标,综合考虑志愿者的服务时长、服务质量、专业技能水平、应对突发事件的表现以及所产生的社会影响等因素,通过志愿者自荐、组织推荐、实地考察、事迹审核、社会公示等环节进行评选,确保评选出的荣誉获得者真正具有代表性和榜样力量[1]。在评选过程中,应充分挖掘和宣传志愿者的先进事迹,利用报纸、电视台、广播电台、政府官方网站、社交媒体平台等多种媒体渠道,对候选人的优秀表现进行广泛宣传报道,展示他们在应急志愿服务中的感人故事和高尚品质,以引发社会各界的关注和共鸣,使荣誉表彰活动成为传播正能量、弘扬志愿服务精神的重要契机。

精神激励不仅体现在荣誉表彰上,还体现在促进志愿者的个人成长与发展方面。例如,政府或志愿者组织可为志愿者提供丰富的培训机会和职业发展支持,使其在应急志愿服务中不仅能够奉献爱心,还能不断提升自己的综合素质和能力。政府或志愿者组织也可与高校、专业培训机构合作,开设应急管理相关的进修课程、专业技能培训项目等,这些课程和项目优先向优秀志愿者开放,帮助他们学习应急管理领域的专业知识和技能,为其未来的职业发展打下坚实的基础。同时,在公务员招录、事业单位招聘、国有企业招聘等过程中,对于具有丰富应急志愿服务经验且表现优秀的志愿者,给予一定的政策倾斜,如在同

---

[1] 张网成.国家应急志愿服务体系的模式选择与机制建设研究[M].北京:知识产权出版社,2011.

等条件下优先录用、在笔试或面试环节加分等,以激励更多有志青年积极投身于应急志愿服务,将个人的职业发展与社会公益事业紧密结合起来,实现自我价值与社会价值的有机统一。

营造积极向上的团队文化和志愿服务氛围是精神激励的重要手段。通过组织志愿者交流活动、团队建设活动、经验分享会等,可增强志愿者之间的凝聚力和归属感,让他们在团队中感受到温暖和支持,形成一种相互学习、相互鼓励、共同进步的良好氛围。在应急服务活动中,应注重弘扬团队合作精神,让志愿者在协作中体会到集体的力量和共同奋斗的成就感,以进一步激发他们参与应急志愿服务的热情和积极性,使应急志愿服务成为志愿者生活中不可或缺的一部分。

二、物质激励

物质激励在应急志愿服务激励机制中起着重要的补充作用,它能够在一定程度上缓解志愿者在参与应急服务过程中所面临的经济压力,体现社会对他们付出的认可和尊重,从而进一步激发志愿者的积极性和持续性。

合理的补贴制度是物质激励的基础。北京应根据应急志愿服务的类型、服务时长、工作强度以及风险程度等因素,制定科学合理的补贴标准。对于一般性的应急志愿服务活动,如社区应急知识宣传、突发事件下人员的疏散引导等基础性服务项目,应提供适当的交通、餐饮补贴,以保障志愿者在服务期间的基本生活需求;而对于那些参与到高风险、高强度应急救援行动(如自然灾害救援、重大事故抢险等)中的志愿者,除了应给予基本补贴外,还应给予额外的风险补贴和劳务报酬。例如,在地震、洪水等灾害救援期间,志愿者可能需要长时间在艰苦的环境中工作,面临着生命安全威胁和身体疲劳等问题,此时给予他们较高的补贴是对其付出的合理回报。补贴的发放应遵循及时、准确、透明的原则,如可通过银行转账的方式将补贴及时发放给志愿者,以确保志愿者能够在服务结束后的较短时间内收到补贴款项。同时,还应提供详细的

第五章　完善北京志愿服务参与应急管理的对策建议

补贴明细清单,以让志愿者清楚了解补贴的构成和计算依据,增强补贴发放的公信力。

物资保障是物质激励的重要方面。首先,为志愿者配备齐全、优质的防护装备,这是确保他们能够安全、高效地开展服务工作的前提。应根据不同的应急服务场景和任务需求,提供专业的个人防护装备,如安全帽、防护服、防护手套、护目镜、口罩、救生衣等,以确保志愿者在应对火灾、地震、洪水等危险情况时能够有效保护自己的人身安全。其次,为志愿者配备必要的工作物资,如急救包、通信设备、照明工具、食品和饮用水等,满足志愿者在服务过程中的实际工作需要。在物资采购过程中,应注重质量和适用性,选择符合国家标准和行业规范的产品,并建立物资管理和更新制度,定期对物资进行检查、维护和更新,确保物资的完好性和可用性。最后,为志愿者提供舒适的休息场所和必要的生活设施。例如,在大型应急救援行动中,搭建临时的志愿者休息帐篷,为志愿者配备睡袋、折叠床、洗漱用品等,让志愿者在紧张的工作之余能够得到充分的休息,感受到组织的关怀和支持。

保险保障是物质激励中不可或缺的一环。为应急志愿者购买足额、全面的人身意外伤害保险和医疗保险,是解除志愿者后顾之忧的关键措施[①]。保险范围应涵盖志愿者在参与应急服务过程中可能遭受的各种意外伤害,包括但不限于由自然灾害、事故灾难、公共卫生事件等导致的身体损伤、疾病感染、身故等情况。同时,合理确定保险保额和赔付标准,以确保在志愿者遭遇不幸时,能够获得足够的经济赔偿,从而能够支付医疗费用、康复费用等。应与专业的保险公司合作,建立快速理赔机制,简化理赔流程,提高理赔效率,以使志愿者在遭遇不幸后,能够及时、顺利地获得保险赔付,让志愿者及其家人获得实实在在的保障。

此外,物质激励还可以通过设立应急志愿服务专项奖励基金来实现。政府、企业、社会组织以及爱心人士共同出资,成立应急志愿服务专项奖励基金,

---

① 王法硕.我国应急志愿服务协同治理的实践与对策[J].学习与实践,2014(11):9.

该基金用于奖励在应急志愿服务中表现突出的个人和团队,支持志愿者开展培训、交流、创新项目等活动。基金的管理和使用应遵循公开、公平、公正的原则,应设立专门的基金管理委员会,其负责制订基金的使用规则、审批奖励项目和监督资金使用情况,从而确保基金能够真正用于支持应急志愿服务事业的发展,为志愿者提供更多的物质支持和发展机会,促进北京应急志愿服务事业的持续健康发展。

三、社会认可与支持

社会认可与支持是应急志愿服务激励机制的重要外部支撑,它能够营造良好的社会氛围,增强志愿者的社会认同感和归属感,使应急志愿服务成为一种被广泛推崇的社会行为,吸引更多的人参与其中,形成良性循环。

宣传推广是提升志愿服务社会认可度的关键手段。北京应充分利用各类媒体资源,全方位、多角度地宣传应急志愿服务的重要意义、志愿者的先进事迹和奉献精神。主流媒体应发挥引领作用,在报纸、电视台、广播电台等开设应急志愿服务专栏、专题节目和公益广告,定期报道应急志愿服务活动的开展情况、志愿者在突发事件应对过程中的感人故事以及应急志愿服务事业的发展成就。例如:《北京日报》可以开设"应急志愿服务风采"专栏,每周刊登几篇关于优秀志愿者和志愿服务团队的深度报道,通过生动的文字和图片,展现他们在应急救援、社区服务、公益宣传等方面的突出贡献;北京电视台可以制作应急志愿服务专题纪录片,深入挖掘志愿者背后的故事,记录他们在面对困难和危险时的坚定信念和无私付出,并在黄金时段播出该纪录片,以引起社会各界的广泛关注和强烈反响。同时,新媒体平台应成为宣传应急志愿服务的重要阵地,可以利用微信公众号、微博、抖音、快手等社交媒体平台,发布丰富多彩的应急志愿服务内容,包括短视频、图文信息、直播活动等,以更加生动、形象、贴近生活的方式传播应急志愿服务理念和志愿者的正能量。例如,可通过抖音平台发起应急志愿服务话题挑战,鼓励网友分享身边的应急志愿服务故事和感人瞬间,从

第五章 完善北京志愿服务参与应急管理的对策建议

而吸引更多的人参与话题讨论,扩大应急志愿服务的社会影响力。

在应急志愿服务中,公众的主动参与和积极响应是社会认可与支持的重要体现。首先,鼓励公众积极参与应急志愿服务活动,通过亲身体验志愿者的工作,公众能够更加尊重和支持应急志愿服务事业。例如,可举办各类应急志愿服务体验活动,如"应急救援一日体验营""社区应急服务开放日"等,邀请市民群众参与到应急知识培训、模拟演练、现场服务等环节中,让他们了解应急志愿服务的工作内容和流程,体会志愿者在其中所付出的努力。其次,建立公众评价和反馈机制,让公众能够对应急志愿服务活动的质量和效果进行评价,志愿服务组织和相关部门应根据公众的反馈及时改进工作,提高服务水平,提升公众对应急志愿服务的满意度。最后,开展应急志愿服务进学校、进企业、进社区等活动,通过举办讲座、展览、文艺汇演等形式,向不同群体宣传应急志愿服务的知识和理念,培养公众的志愿服务意识和社会责任感,形成全社会共关心、支持和参与应急志愿服务的良好氛围。

在应急志愿服务中,企业社会责任的履行是社会认可与支持的有力保障。鼓励企业积极参与应急志愿服务事业,通过捐赠物资、给予资金支持、提供志愿服务岗位等方式,为应急志愿者提供更多的资源和保障。应建立企业与应急志愿服务组织的合作机制,企业可根据自身的行业特点和资源优势,与相关志愿服务组织开展项目合作,如科技企业可为应急志愿服务提供信息化技术支持,开发应急管理 App 等;医药企业可捐赠药品、医疗器械和防护用品,满足志愿者和受灾群众的健康需求;餐饮企业可为应急救援现场的志愿者和工作人员提供免费的餐饮服务等。同时,政府应出台相关政策,对积极参与应急志愿服务的企业给予税收优惠等方面的支持,从而激励更多企业履行社会责任,参与到应急志愿服务事业中,形成政府、企业、社会组织和公众共同支持应急志愿服务的强大合力,进而为北京应急志愿服务事业的发展创造良好的社会环境和物质条件,推动北京应急志愿服务事业不断迈上新台阶,为首都的安全稳定和社会的和谐发展做出更大的贡献。

第六节　加强信息共享与沟通

一、建立应急信息共享平台

应急信息共享平台应具备高度的兼容性和扩展性，能够整合来自多个数据源的信息，包括来自政府部门、社会组织、企业以及各类监测设备等的信息。在政府部门层面，应急管理、气象、地质、交通、卫生健康、公安等部门的信息系统应与应急信息共享平台实现无缝对接，确保及时获取突发事件的相关信息，如自然灾害的预警信息、事故灾难的发生地点和严重程度、公共卫生事件的相关数据、社会安全事件的现场情况等[①]。社会组织和企业则可以通过注册登录的方式，将自身掌握的与应急服务相关的资源信息（如志愿者队伍的人员构成和专业技能、物资储备情况以及可提供的服务项目等）上传至平台，实现资源的汇聚和共享。同时，应急信息共享平台应具备强大的数据处理能力，能够对海量的信息进行快速分析、筛选和整合，将信息以直观、易懂的方式呈现给用户，让应急志愿者和相关部门能够迅速获取所需信息，为决策和行动提供有力支持。

信息安全保障是应急信息平台建设的关键环节。应采用先进的加密技术，对平台上传输和存储的各类数据进行加密处理，以确保信息的保密性，防止数据被窃取和泄露。建立严格的用户权限管理系统，根据用户的角色和职责，划分不同的权限级别，如政府部门的管理员具有最高权限，能够查看和管理所有信息；应急志愿者根据其服务领域和级别，获取相应的信息访问权限；普通公众则只能查看部分公开的应急信息和服务指南等。同时，应定期进行信息系统的安全检测和漏洞修复，防范网络攻击和恶意软件的入侵，以确保平台的稳定运

---

① 《广东省应急志愿者管理办法（试行）》，2010年。

行和信息安全。

为了提升平台的实用性和用户体验,应注重平台功能的优化和完善。应急信息共享平台应具备智能搜索功能,志愿者和用户可以通过关键词、时间、地点、事件类型等多种条件进行信息搜索,快速定位所需的应急志愿服务信息。例如,在发生火灾事故时,志愿者可以通过输入火灾发生地点和消防救援物资等关键词,快速查询到附近可用的消防器材储备点、专业消防队伍的联系方式以及其他相关信息。应急信息共享平台还应具备实时通信功能,如在线聊天、语音通话、视频会议等功能,以方便志愿者之间、志愿者与政府部门之间以及与其他救援力量之间进行沟通和协作,实现信息的实时共享和协同作战。例如,在突发事件现场,志愿者可以通过视频会议功能向指挥中心实时汇报现场情况,接收指挥中心的任务指令,并与其他救援人员进行现场协调,从而提高救援效率。

此外,应急信息共享平台还应建立信息更新和审核机制,以确保平台上的信息准确、及时、有效。各信息源应按照规定的时间和格式要求,及时更新所发布的信息,平台管理人员要对上传的信息进行严格审核,确保信息的真实性和可靠性,及时删除或更正过时、不准确或虚假的信息,并追究相关责任单位和人员的责任。通过建立应急信息共享平台,北京能够打破信息壁垒,实现应急信息的互联互通和资源的优化配置,为应急志愿服务提供有力的信息支撑,提升城市应对突发事件的整体能力和协同效率。

二、加强志愿者与政府部门的沟通

在应急管理体系中,志愿者与政府部门之间的有效沟通是确保应急志愿服务高效、有序开展的重要保障,能够使志愿者的力量得到充分发挥,政府的应急管理工作形成紧密配合、协同作战的良好局面。

建立常态化的沟通协调机制是首要任务。在市级层面,应成立由应急管理、民政、公安、卫生健康、交通等相关政府部门以及主要应急志愿服务组织代表组成的应急志愿服务专项协调小组,定期召开会议,如每周或每月举行一次例会,共同商讨应急志愿服务工作中的重大事项、协调解决存在的问题,并制订工作计划和任务分工[①]。在会议中,政府部门应向志愿服务组织汇报近期的应急管理工作重点、突发事件的风险评估情况以及可能需要志愿者参与的应急服务项目;志愿服务组织则应向政府部门反馈志愿者队伍的建设情况、培训需求、服务能力以及在实际工作中遇到的困难和问题。双方通过充分的交流和协商,达成共识,明确各自的职责和任务,以确保志愿服务组织的工作与政府的应急管理工作紧密衔接、协同推进。

保持信息共享渠道的畅通是加强志愿者与政府部门沟通的关键。除了应建立应急信息共享平台外,政府部门还应通过多种方式及时向志愿者传递准确、详细的应急信息。例如,政府部门可以利用政府官方网站、微信公众号、微博等新媒体平台,发布突发事件的预警信息、应急响应级别、救援进展情况以及志愿者招募需求等信息,志愿者可以通过关注这些平台,及时获取最新的应急动态。同时,政府部门应建立应急志愿服务信息专报制度。例如,政府部门可定期将应急管理工作中的重要信息、政策法规、工作要求等整理成专报,通过电子邮件、手机短信等发送给志愿服务组织和骨干志愿者,以确保他们能够全面、深入地了解政府的应急管理工作思路和决策部署,为其开展应急志愿服务工作提供指导。

培训与演练中的沟通互动是增强沟通效果的重要途径。政府部门在组织应急培训和演练活动时,应邀请志愿者积极参与,并在活动中加强与志愿者的沟通和交流。在培训过程中,政府部门的专业人员不仅要向志愿者传授应急知识和技能,还要倾听志愿者的意见和建议,了解他们在学习过程中的困惑和需求,及时调整培训内容和方式,提高培训的针对性和实效性。在演练活动中,政府部门与志愿者共同参与模拟突发事件的应对处置,通过实际操作和协同作战,检验和完善沟通协调机制,提高双方的默契程度和应急处置能力。演练活

---

① 戴爱芳.城市社区应急志愿服务存在的问题及其提升路径研究[J].中国应急管理科学,2021,5(3):97-103.

动结束后,政府部门应组织召开总结会议,和志愿者共同回顾演练过程,分析存在的问题和不足之处,并提出改进措施和建议,以为今后双方在实际应急工作中的合作积累经验。

三、拓展应急信息发布渠道

将传统媒体与新媒体融合是拓展应急信息发布渠道的重要方向。报纸、电视台、广播电台等传统媒体具有广泛的受众基础和较高的公信力,在应急信息发布中仍然发挥着重要作用。北京的各大报纸应开辟专门的应急信息专栏或专版,在突发事件发生时,及时刊登事件的详细情况、政府的应对措施、应急救援进展以及公众的防范指南等信息,通过图文并茂的形式,使读者能够直观地了解事件的全貌和应对方法。电视台和广播电台则应利用其传播速度快、覆盖面广的优势,在突发事件发生的第一时间插播应急信息(包括突发事件的类型、发生地点、影响范围、应急响应级别以及公众需要采取的避险措施等),并通过滚动播出的方式,确保信息的持续传递。同时,传统媒体应积极与新媒体融合,拓展信息传播渠道。例如,报纸和电视台的官方网站、微信公众号、微博等新媒体平台可同步发布应急信息,实现内容的一次采集、多次发布、多元传播,扩大信息的覆盖面和影响力。

利用社交媒体平台进行精准传播是拓展应急信息发布渠道的有效手段。北京应充分发挥微信、微博、抖音、快手等社交媒体平台的优势,根据不同平台的用户特点和传播规律,有针对性地发布应急信息。在微信公众号平台,可以通过推送文章、图文消息等形式,深入解读突发事件的相关信息和应对策略,同时可以利用微信的社交分享功能,鼓励用户将信息分享到朋友圈和微信群,以实现信息的裂变式传播。在微博平台,可以通过发布简短、精炼的信息和话题讨论,吸引广大网友的关注,及时发布突发事件的最新动态和权威信息,引导舆论走向,避免谣言和不实信息的传播。在抖音和快手等短视频平台,可以制作生动有趣、通俗易懂的应急知识科普视频和突发事件现场报道视频,以直观的画面和简洁的语言,向用户传递应急信息和安全防范知识,提高用户对应急志愿服务的关注度和接受度。通过对社交媒体平台用户数据(如用户的地域分布、年龄结构、兴趣爱好等信息)的分析,可实现应急信息的精准推送,增强信息传播的效果。

社区宣传渠道的拓展是拓展应急信息发布渠道的重要举措。北京的各个社区应充分利用社区公告栏、电子显示屏、社区广播、社区微信群等宣传阵地,及时发布应急信息和志愿服务招募信息。例如:在社区公告栏张贴应急信息海报和宣传资料,并定期更新内容,以确保居民能够随时获取最新的应急信息;利用社区电子显示屏滚动播放突发事件的预警信息、防范知识和政府的应急措施等视频内容,以提高信息的可见度;利用社区广播在每天的固定时段播放应急信息和温馨提示,以使老年人、儿童等不常使用新媒体的人群也能够了解应急信息;在社区微信群中及时发布各类应急信息和志愿服务活动通知,同时鼓励居民在群内交流应急知识和经验,以增强社区居民的应急意识和自我防范能力。

此外,志愿服务组织还应与企业、学校、商场等机构合作,拓展应急信息发布渠道。在企业内部,可通过企业内部办公系统、宣传栏、员工微信群等渠道,向企业员工发布应急信息和安全生产知识,同时鼓励企业组织员工开展应急演练和志愿服务活动;在学校,可利用校园广播、校讯通、班级微信群等平台,向师生传达应急信息和安全教育内容,要求学校将应急知识纳入学校的课程体系,培养学生的应急意识和自救互救能力;在商场、超市、车站、机场等公共场所,可通过电子显示屏、广播、宣传册等方式,广泛发布应急信息和安全提示,引导公众正确应对突发事件,营造全社会共同关注应急管理、积极参与应急志愿服务的良好氛围。

通过拓展应急信息发布渠道,北京能够提高应急信息的传播效率,扩大应急信息的覆盖面,增强公众的应急意识和应对能力,为应急志愿服务的开展提供有力的信息支持,保障城市的安全稳定和人民的幸福安康。

|第五章| 完善北京志愿服务参与应急管理的对策建议

第七节 完善权益保障政策

一、明确权益保障条款

在人身安全权益方面,应详细规定志愿者在应急服务活动中的安全保障措施,明确要求组织方为志愿者提供必要的安全培训(培训内容包括但不限于各类突发事件的风险识别、防护技能、应急逃生方法等),确保志愿者具备基本的自我保护能力。例如,在参与火灾救援志愿服务前,志愿者必须接受专业的消防知识培训,了解火灾现场的安全注意事项,掌握正确使用消防器材的方法以及在浓烟和高温环境下保护自己的方法等[①]。同时,组织方应根据不同的应急服务场景和任务需求,为志愿者提供相应的防护设备,并确保其质量可靠、性能良好。例如,在自然灾害救援中,针对可能遇到的洪水、地震、泥石流等灾害,组织方应为志愿者配备专业的救生衣、抗震头盔、应急避难帐篷等防护装备和必需的生存物资,保障志愿者在极端环境下的生命安全。

对于志愿者在服务期间因执行任务而遭受人身伤害的情况,权益保障条款应明确规定其享有获得及时救治和合理补偿的权利。应建立快速响应的医疗救援机制,确保志愿者在受伤后能够第一时间被送往附近的医疗机构进行救治,治疗费用由相关责任方或保险机构承担。对于因伤致残或牺牲的志愿者,应按照国家相关法律法规和政策,给予其本人或其家属相应的伤残抚恤金或烈士褒扬待遇,包括一次性补助金、定期抚恤金、子女教育优待、就业扶持等,以充分体现对志愿者及其家属的关怀和尊重,解除志愿者的后顾之忧,让他们在面对危险时能够毫无顾虑地履行自己的职责。

[①] 张网成.国家应急志愿服务体系的模式选择与机制建设研究[M].北京:知识产权出版社,2011.

在劳动权益方面,虽然应急志愿服务具有公益性质,但志愿者在服务过程中付出了大量的时间和精力,其劳动成果和合法权益同样需要得到认可和保障。应明确规定志愿者有权获得适当的休息和饮食保障,组织方应根据服务任务的强度和时长,合理安排志愿者的休息时间,确保他们在高强度的工作后能够得到充分的休息。在饮食方面,应为志愿者提供安全、卫生、营养均衡的食物,满足志愿者的基本生活需求。例如,在大型活动的应急保障志愿服务中,为志愿者设置专门的休息区,配备舒适的休息设施,并按时提供食物补给,保证志愿者有足够的体力和精力完成服务任务。

对于长期、固定参与应急志愿服务且服务强度较大的志愿者,应考虑给予其一定的劳务补贴或生活津贴,以体现对他们劳动付出的尊重和认可。补贴标准应根据当地的经济发展水平、物价指数以及志愿服务的实际情况进行确定,以确保补贴金额能够在一定程度上弥补志愿者因参与服务而产生的交通、通信、餐饮等费用支出,同时又不违背志愿服务的公益性质。此外,志愿者在服务期间的工作表现应得到客观、公正的记录和评价,这些记录和评价可作为志愿者个人荣誉表彰、升学、就业等方面的参考依据,以激励志愿者更加积极地投入应急志愿服务工作中,提高服务质量和效率。

在保险权益方面,为每一位应急志愿者购买足额、全面的保险是权益保障的重要环节。应明确规定必须为志愿者购买人身意外伤害保险、医疗保险、第三者责任险等多种类型的保险,确保志愿者在服务过程中面临的各种风险都能得到有效的经济保障。人身意外伤害保险应涵盖志愿者在参与应急服务过程中可能遭受的由各类意外事故导致的身体伤害,包括但不限于交通事故、自然灾害、救援作业中的意外受伤等情况,保险金额应根据服务风险程度和实际需求确定,以确保在发生意外时能够为志愿者提供足够的医疗救治费用和伤残赔偿费用。医疗保险则负责报销志愿者因在服务期间受伤或患病而产生的医疗费用,包括门诊治疗费用、住院治疗费用、药品费用等,为志愿者提供全方位的医疗保障。第三者责任险主要针对志愿者在服务过程中可能对第三方造成的人身伤害或财产损失进行赔偿,避免志愿者因意外事件而陷入经济纠纷和法律

第五章 完善北京志愿服务参与应急管理的对策建议

责任困境。

权益保障条款应明确保险的购买主体、理赔流程和责任划分。在一般情况下,组织应急志愿服务活动的政府部门、社会组织或企事业单位作为保险的购买主体,负责与保险公司协商确定保险条款、缴纳保险费用,并在志愿者发生保险事故后,协助志愿者办理理赔手续。保险公司应建立快速、简便的理赔流程,在接到理赔申请后,及时进行调查核实,并按照保险合同的约定迅速支付赔偿金。对于因保险责任界定不清或理赔过程中出现的纠纷,应建立有效的协商调解机制,应急管理部门、保险监管部门、志愿者组织以及相关法律专家应共同参与其中,依据法律法规和保险合同的约定,公正、合理地解决纠纷,确保志愿者的保险权益得到切实保障。

在知识产权和个人信息保护权益方面,也应制定明确的条款。志愿者在应急服务过程中可能会创作一些与服务活动相关的文字、图片、视频等作品,或者提出一些具有创新性的想法和建议,这些都属于志愿者的知识产权范畴。权益保障政策应规定志愿者对其在服务期间所产生的知识产权享有所有权和署名权,未经志愿者本人同意,任何组织和个人不得擅自使用、修改或传播其作品,如需使用,应事先获得志愿者的书面授权,并按照相关规定给予其适当的报酬和署名。同时,对于志愿者的个人信息,包括姓名、身份证号码、联系方式、家庭住址等,应采取严格的保密措施进行保护。应建立健全个人信息管理制度,明确规定信息的收集、存储、使用、传输和销毁等各个环节的安全要求和责任主体,防止志愿者的个人信息被泄露、滥用或非法交易。只有通过明确、细致、全面的权益保障条款,才能为北京应急志愿者的合法权益提供坚实的制度保障,激发志愿者的积极性和主动性,推动应急志愿服务事业健康、可持续发展。

二、提供必要保障措施

在安全保障措施方面,除了应配备必要的个人防护装备和提供安全培训外,还应建立完善的现场安全管理制度。在应急服务现场,应设立专门的安全负责人,其负责对现场的安全状况进行实时监测和评估,及时发现并排除潜在的安全隐患[1]。例如,在地震救援现场,安全负责人要密切关注建筑物的稳定性、余震的发生情况以及救援设备的运行状况,在发现危险迹象后要立即发出警报,组织志愿者和救援人员撤离到安全区域。同时,应制订详细的安全操作规程和应急处置预案,明确志愿者在不同场景下的安全操作规范和应对突发安全事件的方法。例如,在应对火灾的应急志愿服务中,规定志愿者不得擅自进入危险区域,必须在专业消防人员的指导下进行疏散引导和物资搬运等工作,如遇火势突然增大或发生爆炸等紧急情况,应按照预定的应急处置预案迅速撤离到指定的安全集合点,等待进一步的指示。

在后勤保障措施方面,建立完善的物资供应体系是关键。应根据应急服务的任务需求和预计时长,提前储备充足的物资,包括食品、饮用水、药品、休息用品、卫生防疫用品等。例如,在应对洪水灾害的应急志愿服务中,提前储备足够数量的方便面、矿泉水、面包等食品,以及帐篷、睡袋、防潮垫等休息用品,以确保在艰苦的救援环境下能够满足志愿者基本的生活需求。应建立物资配送机制,根据现场志愿者的分布情况和实际需求,及时、准确地将物资配送到各个服务点,保证物资的供应不间断。应设立物资管理小组,其负责物资的入库、出库、盘点和分发等工作。应严格执行物资管理制度,确保物资的合理使用和安全存放,避免浪费和损失。

在法律保障措施方面,加强对应急志愿服务的法律支持和法律援助是重要举措。应制定和完善相关的法律法规,明确应急志愿服务的法律地位、志愿者的权利义务、组织方的责任以及权益保障的具体措施等,为应急志愿服务权益保障提供坚实的法律基础。例如,《北京市志愿服务促进条例》进一步细化了应急志愿服务的相关条款,明确了在参与应急服务过程中志愿者遭受人身伤害和财产损失或志愿者其他合法权益受到侵害时的法律救济途径和责任追究机制。同时,应建立应急志愿服务法律援助机制,成立由律师、法律专家组成的法律援

---

[1] 宋劲松,王宏伟.美国应急志愿者管理制度及其经验借鉴[J].北京行政学院学报,2012(4):7.

助团队,为志愿者提供免费的法律咨询和法律援助服务。在志愿者遇到法律问题或纠纷时,法律援助团队能够及时介入,为志愿者提供专业的法律意见和代理服务,帮助志愿者维护自己的合法权益,确保志愿者在法律框架内得到公正、合理的待遇。

三、建立投诉与反馈机制

投诉与反馈机制的建立应秉持便捷、高效、公正、保密的原则,以确保志愿者能够毫无顾虑地提出自己的意见和建议,并且能够得到及时、有效的回应。应搭建多样化的投诉与反馈渠道,以满足志愿者不同的需求[1]。可以设立专门的投诉热线电话,安排专人负责接听和记录志愿者的投诉信息,热线电话应保持 24 小时畅通,以确保志愿者在遇到问题时能够随时联系到相关人员。同时,可以开通在线投诉平台,志愿者可以通过计算机或手机登录平台,填写详细的投诉内容和相关信息(包括投诉事项,事情发生的时间、地点、涉及人员等),并上传相关的证据材料(如照片、视频、音频等),以便更清晰地反映问题的实质。此外,还可以在应急志愿服务活动现场设置意见箱,方便志愿者在现场直接提交书面意见和建议,对于一些不便于通过电话或网络表达的问题,这提供了一种传统而有效的反馈方式。

在收到志愿者的投诉和反馈信息后,应建立快速响应机制,以确保问题能够得到及时的处理和解决。应成立专门的投诉处理工作小组,该工作小组由应急管理部门、志愿者组织、相关政府部门的工作人员以及法律专业人士组成,负责对志愿者的投诉进行分类、调查、核实和处理。对于一般的投诉事项,投诉处理工作小组应在 24 小时内与投诉人取得联系,了解详细情况,并在 3 个工作日内给出初步的处理意见和解决方案;对于较为复杂的问题,如涉及多个部门或法律纠纷等的问题,应在 7 个工作日内启动调查程序,并定期向投诉人通报调

---

[1] 勾晓瑞.专业应急志愿者队伍建设研究[J].洛阳理工学院学报:社会科学版,2011,26(2):5.

查进展情况,确保投诉人能够及时了解问题的处理进度,在30个工作日内完成最终的处理结果,并向投诉人反馈处理情况,征求投诉人的意见,询问投诉人的满意度。

为了保证投诉处理的公正性和客观性,应建立严格的调查核实程序和责任追究制度。对于志愿者的投诉事项,投诉处理工作小组应进行深入、细致的调查,收集相关的证据材料,确保对问题的了解全面、准确。在调查过程中,应遵循公正、公平、公开的原则,不偏袒任何一方,客观地分析问题的产生原因和责任主体。对于经调查核实确属违反权益保障政策的行为,应依法依规追究相关责任单位和责任人的责任(包括责令其限期整改、让其赔礼道歉、给予经济赔偿等),并将处理结果向社会公布,以起到警示和教育作用,防止类似问题再次发生。

第八节　推动科技创新应用

一、利用科技提升应急响应效率

在应急信息的快速传递方面,北京应建立覆盖全市的应急信息大数据平台,整合来自气象、地质、交通、公安、卫生健康等多个部门的各类数据,包括实时气象数据、地震监测数据、道路拥堵情况、人员流动信息、医疗资源分布信息等。可通过云计算强大的数据处理能力,对这些海量数据进行实时分析,快速准确地预测突发事件的发生概率、发展趋势和影响范围,并将相关信息及时推送给应急指挥中心、应急志愿者组织以及广大市民。例如,在暴雨洪涝灾害来临前,应急信息大数据平台通过分析气象数据和相关地理信息精准预测出可能受灾的区域,提前向这些地区的居民和应急志愿者发送预警信息,告知他们灾害的可能发生时间、危险程度以及避险措施,从而使居民能够提前做好防范准备,志愿者也能够迅速组织起来,提前到达指定地点待命,进而大大缩短应急响应的时间。

可利用物联网技术实现应急资源的实时监测和管理,提高资源调配的精准度和效率。在应急物资储备仓库、救援设备存放点以及志愿者服务站等场所,可部署物联网传感器,以对各类应急物资和设备的数量、存放位置等信息进行实时采集和传输[①]。例如,通过物联网技术,应急指挥中心可以随时了解到各个仓库中救灾帐篷、食品、饮用水、药品等物资的储备情况,以及消防车、救护车、应急通信设备等救援设备的可用性和位置信息。在发生突发事件时,根据大数据分析得出的需求预测,指挥中心能够迅速制订物资调配计划,并通过物联网系统实时跟踪物资的运输过程,确保物资能够准确、及时地投放到受灾地区,满足救援需求。对于应急志愿者的调配,也可以借助物联网技术实现精准化管理。例如,通过为志愿者配备具有定位功能的智能终端设备,可以实时掌握志愿者的位置信息,从而可以根据事件现场的实际情况和任务需求,快速调度距离最近、技能匹配的志愿者前往支援,这可以提高志愿者资源的利用效率,避免资源的浪费和闲置。

二、推广智能应急管理系统

智能预警子系统是智能应急管理系统的"前哨",负责利用先进的监测技术和数据分析模型,对各类突发事件进行实时监测和预警。北京部署了广泛的传感器网络。这些传感器包括气象传感器、地质灾害监测仪、火灾报警器、环境监测设备等,能够实时采集大量的环境数据,并将其传输至智能预警子系统。该子系统运用大数据分析和人工智能算法,对这些数据进行深度挖掘和分析,快速识别潜在的风险因素和异常情况,提前预测突发事件的发生概率、发生时间和影响范围。

---

① 杨桂英.中国应急志愿者队伍建设初探[J].河南理工大学学报:社会科学版,2008,9(4):4.

智能指挥调度子系统是智能应急管理系统的"中枢神经",负责在突发事件发生后,对各类应急资源进行高效的指挥调度。该子系统整合了来自应急指挥中心、各部门、应急志愿服务组织等的信息以及社会资源信息,通过建立统一的指挥调度平台实现了信息的实时共享和协同作业。该子系统能够直观地展示突发事件的现场情况、应急资源的分布状况以及救援队伍和志愿者的行动轨迹。指挥人员可以根据这些信息,结合系统提供的智能决策建议,迅速制订科学合理的救援方案,并通过系统下达任务指令,实现对救援力量的精准调度。

智能资源管理子系统负责对应急物资、设备和人力资源进行精细化管理。通过物联网技术,可对各类应急物资和设备进行标识和定位,实现对其采购、入库、存储、调配、使用和维护等全生命周期的信息化管理。应急指挥中心通过智能资源管理子系统可以实时了解应急物资和设备的库存情况、存放位置以及使用状态,确保在需要时能够快速找到并调配所需资源。对于人力资源,该子系统建立了应急志愿者和专业救援人员的数据库,详细记录了人员的基本信息、专业技能、培训经历、服务记录等,在突发事件发生后,能够根据任务需求快速筛选出合适的人员,并对其进行合理的任务分配。

三、加大应急科技研发与应用力度

在应急科技研发方面,应聚焦于关键技术领域,加大对灾害监测与预警技术的研发力度,提高对各类自然灾害和事故灾难的监测精度和预警时效性。例如,针对北京地区的地震风险,加大对地震监测技术的研发力度,研究高精度的地震监测仪器和传感器,以提高地震监测数据的准确性和可靠性;同时,运用大数据分析、人工智能和机器学习等技术,建立更加精准的地震预警模型,以实现对地震的快速预警和早期响应,为人员疏散和应急救援争取更多的时间。又如,在气象灾害监测方面,应研发新型的气象雷达、卫星遥感技术和气象数据同化系统,提高对暴雨、暴雪、大风等极端天气的监测能力和预报精度,提前发布准确的气象灾害预警信息,指导市民和应急志愿者做好防范措施。

| 第五章 | 完善北京志愿服务参与应急管理的对策建议

应鼓励科研机构和企业加大对先进救援装备的研发投入,研制适应北京城市特点和应急救援需求的高性能装备。例如:针对北京高层建筑火灾救援难题,研发具有更强灭火能力和更好机动性的消防车和消防机器人,以提高火灾扑救效率和救援人员的安全性;在地震救援领域,开发新型的破拆、顶升、生命探测等救援装备,以提高救援作业的效率和成功率。

此外,还应加大对应急管理信息化技术的研发力度,构建一体化的应急管理信息平台。例如:运用云计算、大数据分析、物联网、人工智能等技术,整合应急管理部门、相关政府机构、社会组织以及企业的信息资源,实现应急信息的互联互通和共享共用;开发智能决策支持系统,通过对海量应急数据的分析和挖掘,为应急指挥人员提供科学合理的决策建议,提高应急决策的准确性和及时性。

参考文献

[1] 徐家良,梁钜霄.志愿者应急管理与冲突理论——以5·12地震四川G县为例[J].中国农业大学学报(社会科学版),2008(4):84-92.

[2] Cavanaugh C. The new volunteerism[M]. New York:Taylor and Francis,2017:128.

[3] 陶倩.新时代中国特色志愿服务发展研究[M].北京:社会科学文献出版社,2018:197.

[4] 李茂平.志愿服务与道德建设[M].北京:中国社会出版社,2020:238.

[5] 曹海峰.新时代公共安全与应急管理[M].北京:社会科学文献出版社,2019:169.

[6] 高小平,刘一弘.中国应急管理制度创新[M].北京:中国人民大学出版社,2020:222.

[7] 中国法制出版社.中华人民共和国应急管理法律法规全书:含相关政策及法律解释[M].北京:中国法制出版社,2021:884.

[8] 郝海洪,闫成俭.试论重大突发公共事件应急处置及机制建构[J].阜阳师范大学学报(社会科学版),2023(4):110-115.

[9] 孟宪欣.志愿者组织在应急管理中的作用与对策研究[D].南京:南京工业大学,2012.

[10] 张玉平.我国应急志愿服务研究[D].太原:山西师范大学,2014.

[11] Crane M. The invisibles:the role of volunteer emergency service

members in human health emergency response[J]. Global Biosecurity, 2019,1(1):116-118.

[12] Li L, Wang Z X, Qin Y R. Research on the status and development of emergency volunteer service in Hubei province[C]//Proceedings of the 6th international conference on social governance. Wuhan:[s. n.], 2023.

[13] 李沐,许方.国内外应急志愿服务领域研究现状的CiteSpace分析[J].现代养生,2023(6):401-405.

[14] 金太军,赵军锋.风险社会的治理之道[M].北京:北京大学出版社,2018:450.

[15] 颜陈.网络舆情治理创新研究[M].北京:新华出版社,2018:375.

[16] 萨拉蒙,等.全球公民社会:非营利部门视界[M].贾西津,魏玉,等译.北京:社会科学文献出版社,2002.

[17] 周利敏.灾害社会工作中"公私协力机制"的建构及途径[J].防灾科技学院学报,2008(2):109-113.

[18] Kendrick M I, Bartram T, Cavanagh J, et al. Role of strategic human resource management in crisis management in Australian greenfield hospital sites: a crisis management theory perspective[J]. Australian Health Review,2019,43(2):157-164.

[19] Qi M R. Exploration of response strategies for network public opinion crisis events in vocational colleges based on the 4R crisis management theory[J]. Journal of Research in Vocational Education,2024,6(8):45-49.

[20] 励嘉伟,周钦华,谭心悦.突发公共卫生事件背景下公立医院应急管理SWOT分析:基于4R危机理论[J].经济研究导刊,2024(8):124-128.

[21] 戴万稳.危机管理之道[M].南京:南京大学出版社,2019:250.

[22] Koebele E A. Integrating collaborative governance theory with the advocacy coalition framework[J]. Journal of Public Policy,2019,39

(1):35-64.

[23] 韩英夫.协同与治理:区域环境治理法律制度研究[M].重庆:重庆大学出版社,2023:233.

[24] 强宇豪,燕继荣.从"治安"到"治理"——协同治理理论在群体性事件治理中的应用[J].陕西师范大学学报(哲学社会科学版),2024,53(2):135-144.

[25] 杨婧.关于应急志愿者参与动机的研究[D].北京:中国青年政治学院,2011.

[26] 刘建义.我国灾害救助中的应急志愿服务机制研究——以5·12汶川大地震志愿救助为例[D].长沙:中南大学,2011.

[27] 张玉平.我国应急志愿服务研究[D].太原:山西师范大学,2014.

[28] 石根连.我国应急志愿服务的立法研究[D].上海:华东师范大学,2014.

[29] 于美然.内蒙古应急志愿服务存在问题及对策研究[D].呼和浩特:内蒙古大学,2018.

[30] 李少翔.北京市社区应急志愿服务站建设配置分析及站点分配模型研究[D].北京:首都经济贸易大学,2020.

[31] 王琨琦.河北省应急志愿服务发展现状与完善对策研究[D].保定:河北大学,2021.

[32] 张月萍.俄罗斯应急志愿服务的制度内容与启示[J].中国志愿服务研究,2021(4):170-196,202.

[33] 刘火生.应急志愿服务促进法律制度研究[D].长沙:中南大学,2022.

[34] 周雅婷.应急志愿服务类型与公民应急志愿参与意愿[D].杭州:浙江大学,2023.

[35] 张公卓.重大突发公共卫生事件中社会工作介入应急志愿服务路径研究[D].长春:吉林农业大学,2023.